MP3 다운로드 방법

컴퓨터에서
- 네이버 블로그 주소란에 **ww**　　　　　　　　력 또는
네이버 블로그 검색창에 **랭컴**을 입　　　　　　　로드

- **www.webhard.co.kr**에서 직접 다운로드
  아이디　：lancombook
  패스워드：lancombook

스마트폰에서
콜롬북스 앱을 통해서 본문 전체가 녹음된
MP3 파일을 **무료**로 **다운로드**할 수 있습니다.

COLUM
BOOKS
- 구글플레이 · 앱스토어에서 **콜롬북스 앱** 다운로드 및 설치
- 회원 가입 없이 원하는 도서명을 검색 후 **MP3 다운로드**
- 회원 가입 시 더 다양한 **콜롬북스** 서비스 이용 가능

원하시는 책을
바로 구매할 수
있습니다.

전체 파일을
한 번에 저장할
수 있습니다.

MP3 사용법

▶ **mp3 다운로드**
www.lancom.co.kr에 접속하여 **mp3**파일을 무료로 다운로드합니다.

▶ **우리말과 일본인의 1 : 1 녹음**
책 없이도 공부할 수 있도록 일본인 남녀가 자연스런 속도로 번갈아가며 일본어 문장을 녹음하였습니다. 우리말 한 문장마다 일본인 남녀 성우가 각각 1번씩 읽어주기 때문에 한 문장을 두 번씩 듣는 효과가 있습니다.

▶ **mp3 반복 청취**
교재를 공부한 후에 녹음을 반복해서 청취하셔도 좋고, 일본인의 녹음을 먼저 듣고 잘 이해할 수 없는 부분은 교재로 확인해보는 방법으로 공부하셔도 좋습니다. 어떤 방법이든 자신에게 잘 맞는다고 생각되는 방법으로 꼼꼼하게 공부하십시오. 보다 자신 있게 일본어를 할 수 있게 될 것입니다.

▶ **정확한 발음 익히기**
발음을 공부할 때는 반드시 함께 제공되는 mp3 파일을 이용하시기 바랍니다. 언어를 배울 때 듣는 것이 중요하다는 것은 두말할 필요가 없습니다. 오랫동안 자주 반복해서 듣는 연습을 하다보면 어느 순간 갑자기 말문이 열리게 되는 것을 경험할 수 있을 것입니다. 의사소통을 잘 하기 위해서는 말을 잘하는 것도 중요하지만 상대가 말하는 것을 정확하게 듣는 것이 더 중요하다고 합니다. 활용도가 높은 기본적인 표현을 가능한 한 많이 암기할 것과, 동시에 일본인이 읽어주는 문장을 지속적으로 꾸준히 듣는 연습을 병행하시기를 권해드립니다. 듣는 연습을 할 때는 실제로 소리를 내어 따라서 말해보는 것이 더욱 효과적입니다.

이렇게
말해봐
일상일본어

이렇게 말해봐 일상일본어

2018년 05월 10일 초판 1쇄 인쇄
2018년 05월 15일 초판 1쇄 발행

지은이 박해리
발행인 손건
편집기획 김상배, 장수경
마케팅 이언영
디자인 이성세
제작 최승용
인쇄 선경프린테크

발행처 *LanCom* 랭컴
주소 서울시 영등포구 영신로38길 17
등록번호 제 312-2006-00060호
전화 02) 2636-0895
팩스 02) 2636-0896
홈페이지 www.lancom.co.kr

ⓒ 랭컴 2018
ISBN 979-11-88112-96-8 13730

이렇게

말해봐

言ってみる 日本語の会話

일상
일본어

박해리 지음 日常編

LanCom
Language & Communication

 들어가며

일본어회화를 위한 4단계 공부법

읽기 듣기 말하기 쓰기 4단계 일본어 공부법은 가장 효과적이라고
알려진 비법 중의 비법입니다. 아무리 해도 늘지 않던 일본어 공부,
이제 읽듣말쓰 4단계 공부법으로 팔 걷어붙이고 달려들어 봅시다!

읽기

왕초보라도 문제없이 읽을 수 있도록 일본인 발음과 최대한 비슷하게 우리말로 발음을 달아 놓았습니다. 우리말 해석과 일본어 표현을 눈으로 확인하며 읽어보세요.

✔ check point!

- 같은 상황에서 쓸 수 있는 6개의 표현을 확인한다.
- 우리말 해석을 보면서 일본어 표현을 소리 내어 읽는다.

듣기

책 없이도 공부할 수 있도록 우리말 해석과 일본어 문장이 함께 녹음되어 있습니다. 출퇴근 길, 이동하는 도중, 기다리는 시간 등, 아까운 자투리 시간을 100% 활용해 보세요. 듣기만 해도 공부가 됩니다.

✔ check point!

- 우리말 해석과 일본인 발음을 서로 연관시키면서 듣는다.
- 일본인 발음이 들릴 때까지 반복해서 듣는다.

쓰기

일본어 공부의 완성은 쓰기! 손으로 쓰면 우리의 두뇌가 훨씬 더 확

실하게, 오래 기억한다고 합니다. 각 유닛의 뒤쪽에 마련된 빈칸 채우기에 알맞는 단어를 써넣으면서 공부하다 보면 생각보다 일본어 문장이 쉽게 외워진다는 사실에 깜짝 놀라실 거예요.

✔ check point!

- 우리말 뜻을 보고 빈칸에 알맞는 단어를 적어넣는다.
- 일본인의 발음을 들으면서 별도로 준비한 노트에 써본다.
- 표현을 최대한 머릿속에 떠올리면서 쓴다.

말하기

듣기만 해서는 절대로 입이 열리지 않습니다. 일본인 발음을 따라 말해보세요. 계속 듣고 말하다 보면 저절로 발음이 자연스러워집니다.

✔ check point!

- 일본인 발음을 들으면서 최대한 비슷하게 따라 읽는다.
- 우리말 해석을 듣고 mp3를 멈춘 다음, 일본어 문장을 떠올려 본다.
- 다시 녹음을 들으면서 맞는지 확인한다.

대화 연습

문장을 아는 것만으로는 충분하지 않습니다. 대화를 통해 문장의 쓰임새와 뉘앙스를 아는 것이 무엇보다 중요하기 때문에 6개의 표현마다 Mini Talk를 하나씩 두었습니다.

✔ check point!

- 대화문을 읽고 내용을 확인한다.
- 대화문 녹음을 듣는다.
- 들릴 때까지 반복해서 듣는다.

이 책의 내용

PART

01

こんなふうに言ってみろ!

하루일과

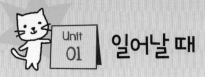

빨리 일어나라.

早く起きなさい。

하야꾸 오끼나사이

여보, 이제 일어날 시간이에요!

あなた、もう起きる時間ですよ!

아나따, 모- 오끼루 지깐네스요

푹 잤어요.

ぐっすり寝ましたよ。

굿스리 네마시다요

알람을 꺼 주세요.

目覚まし時計を止めてください。

메자마시도께-오 도메떼 구다사이

아직 졸려요.

まだ眠いですよ。

마다 네무이데스요

날씨는 어때요?

お天気はどうですか。

오텡끼와 도-데스까

다음 문장을 일본어로 말할 수 있는지 쓰면서 체크해 보세요.

빨리 일어나라.

● 早^{はや}く [　　　　] 。

여보, 이제 일어날 시간이에요!

● あなた、もう [　　　　] ですよ!

푹 잤어요.

● ぐっすり [　　　] よ。

알람을 꺼 주세요.

● [　　　　　] を止^とめてください。

아직 졸려요.

● まだ [　　　] よ。

날씨는 어때요?

● [　　　] はどうですか。

Mini Talk

A: よく眠^{ねむ}れましたか。

요꾸 네무레마시다까

잘 잤어요?

B: いいえ、悪^{わる}い夢^{ゆめ}をみました。

이-에, 와루이 유메오 미마시다

아뇨, 나쁜 꿈을 꿨어요.

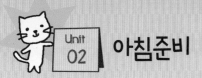

잠옷을 개거라.
パジャマを片付けなさい。
파쟈마오 가따즈께나사이

커텐을 열고, 이불도 개자.
カーテンを開けて、布団もたたもう。
카-텡오 아케떼, 후똠모 다따요-

샤워 좀 하고 와요.
シャワーを浴びていらっしゃい。
샤와-오 아비떼 이랏샤이

신문 좀 가져와요.
新聞を取ってきてね。
심붕오 돗떼 기떼네

아침밥을 먹기 전에 세수를 하거라.
朝ご飯の前に顔を洗いなさい。
아사고한노 마에니 가오오 아라이나사이

이는 닦았니?
歯は磨いたの。
하와 미가이따노

다음 문장을 일본어로 말할 수 있는지 쓰면서 체크해 보세요.

잠옷을 개거라.

- パジャマを 　　　　　　　 。

커텐을 열고, 이불도 개자.

- 　　　　　　 を開けて、 　　　 もたたもう。

샤워 좀 하고 와요.

- 　　　　　　　　 いらっしゃい。

신문 좀 가져와요.

- 　　　　　　　 きてね。

아침밥을 먹기 전에 세수를 하거라.

- 朝ご飯の前に 　　　　　　 。

이는 닦았니?

- 　　　　　 の。

 Mini Talk

A: 遅くなりました。朝食は要りませんよ。

오소꾸나리마시다. 쵸-쇼꾸와 이리마셍요
늦었어요. 아침식사는 안 먹을래요.

B: でも 少しは食べないとね。

데모 스꼬시와 다베나이또네
그래도 조금은 먹어야지.

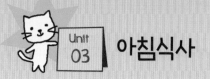

Unit 03 아침식사

>> 녹음을 듣고 소리내어 읽어볼까요? <<< 듣기 >>>

아침 먹을 시간이에요.

朝食の時間ですよ。

쵸ー쇼꾸노 지깐데스요

아침식사 준비가 다 됐어요.

朝ご飯の準備ができましたよ。

아사고한노 쥼비가 데끼마시따요

아침밥이 식겠어요.

朝ご飯が冷めますよ。

아사고항가 사메마스요

나중에 먹을게요.

後で食べます。

아또데 다베마스

아침밥은 뭐예요?

朝ご飯は何ですか。

아사고항와 난데스까

아침식사는 안 거르는 게 좋아요.

朝食は抜かないほうがいいですよ。

쵸-쇼꾸와 누까나이 호-가 이-데스요

PART 01 하루일과 ● 17

다음 문장을 일본어로 말할 수 있는지 쓰면서 체크해 보세요.

아침 먹을 시간이에요.

● [   ] の時間ですよ。
　　　　　　じ　かん

아침식사 준비가 다 됐어요.

● [   ] ができましたよ。

아침밥이 식겠어요.

● 朝ご飯が [   ] よ。
　　あさ　はん

나중에 먹을게요.

● [   ] 食べます。
　　　　　　た

아침밥은 뭐예요?

● [   ] は何ですか。
　　　　　　なん

아침식사는 안 거르는 게 좋아요.

● [   ] ほうがいいですよ。

 Mini Talk

A: さあ、ご飯ですよ。
　　　　　　はん
　사-, 고한데스요
　자, 밥 먹어요.

B: はい、いただきます。
　하이, 이따다끼마스
　네, 잘 먹겠습니다.

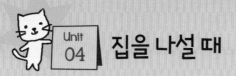
오늘은 무얼 입을까?

今日は何を着ようかな。

쿄-와 나니오 기요-까나

빨리 갈아입어라.

早く着替えなさい。

하야꾸 기가에나사이

서두르지 않으면 지각해.

早くしないと遅刻するわよ。

하야꾸 시나이또 치코꾸스루와요

문은 잠갔어요?

ドアに鍵をかけましたか。

도아니 카기오 가께마시다까

뭐 잊은 건 없니?

何か忘れてはいないの?

나니까 와스레떼와 이나이노

다녀올게요.

行ってきます。

잇떼 기마스

다음 문장을 일본어로 말할 수 있는지 쓰면서 체크해 보세요.

오늘은 무얼 입을까?

- 今日は何を [　　　　] かな。

빨리 갈아입어라.

- 早く [　　　　] 。

서두르지 않으면 지각해.

- 早くしないと [　　　] わよ。

문은 잠갔어요?

- ドアに [　　　　　] か。

뭐 잊은 건 없니?

- 何か [　　　　　] の?

다녀올게요.

- [　　　] きます。

 Mini Talk

A: **お弁当は持った?**

오벤또-와 못따

도시락은 챙겼니?

B: **遅刻だ。**

치코꾸다

늦었어.

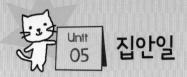

방 좀 치워라.

部屋を片付けなさい。

헤야오 가따즈께나사이

좀 거들어 줘요.

お手伝いをしてね。

오테쓰다이오 시떼네

청소 좀 거들어 줘요.

掃除を手伝ってね。

소-지오 테쓰닷떼네

세탁물을 말려 줘요.

洗濯物を干してね。

센타꾸모노오 호시떼네

개에게 밥 좀 줘요.

犬にえさをあげてね。

이누니 에사오 아게떼네

그 셔츠를 다려 주세요.

そのシャツにアイロンをかけてください。

소노 샤쓰니 아이롱오 카께떼 구다사이

다음 문장을 일본어로 말할 수 있는지 쓰면서 체크해 보세요.

방 좀 치워라.

● 部屋を [　　　　　　] 。
　へや

좀 거들어 줘요.

● [　　　　] をしてね。

청소 좀 거들어 줘요.

● [　　] を手伝ってね。
　　　　　 て　つだ

세탁물을 말려 줘요.

● [　　　] を干してね。
　　　　 　ほ

개에게 밥 좀 줘요.

● 犬に [　　　　　] ね。
　いぬ

그 셔츠를 다려 주세요.

● そのシャツに [　　　　　] ください。

 Mini Talk

A : まあ、散らかってること!
　　　　 ち

마-, 치라캇떼루고또

어머, 난장판이구나!

B : すぐ片付けますよ。
　　　 かた　づ

스구 카따즈께마스요

금방 치울게요.

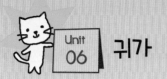

곧장 집으로 갈까?

まっすぐ家に帰ろうかな。
<small>いえ　かえ</small>

맛스구 이에니 가에로-까나

다녀왔어요.

ただいま。

다나이마

어서 와요.

おかえりなさい。

오까에리나사이

피곤한데.
<small>つか</small>

疲れたな。

쓰까레따나

오늘은 즐거웠니?
<small>きょう　　たの</small>

今日は楽しかった?

쿄-와 다노시깟따

일은 어땠어요?
<small>し　ごと</small>

仕事はどうでしたか。

시고또오 도-데시다까

곧장 집으로 갈까?

● [＿＿＿＿] 家に帰ろうかな。

다녀왔어요.

● [＿＿＿＿] 。

어서 와요.

● [＿＿＿＿] なさい。

피곤한데.

● [＿＿＿] な。

오늘은 즐거웠니?

● 今日は [＿＿＿＿＿] ？

일은 어땠어요?

● [＿＿] はどうでしたか。

Mini Talk

A: 今日はどうでした?

쿄-와 도-데시다

오늘은 어땠어요?

B: 今日はすべてうまくいったよ。

쿄-와 스베떼 우마꾸 잇따요

오늘은 모두 잘 됐어요.

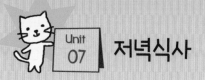

>> 녹음을 듣고 소리내어 읽어볼까요? <<< 듣기 >>>

저녁은 무얼로 할까요?

夕食は何にしましょうか。
ゆうしょく　なに

유-쇼꾸와 나니니 시마쇼-까

저녁밥 다 되었어요?

晩ご飯はできましたか。
ばん　はん

방고항와 데끼마시다까

식사 준비를 거들어 주겠니?

ご飯の支度を手伝ってくれる？
はん　したく　てつだ

고한노 시타꾸오 데쓰닷떼 구레루

잘 먹겠습니다.

いただきます。

이따다끼마스

잘 먹었습니다.

ごちそうさま。

고찌소-사마

그릇 좀 치워 주겠니?

お皿を片付けてくれる？
さら　かたづ

오사라오 가따즈께떼 구레루

다음 문장을 일본어로 말할 수 있는지 쓰면서 체크해 보세요.

저녁은 무얼로 할까요?

● ⬜ は何_{なに}にしましょうか。

저녁밥 다 되었어요?

● ⬜ はできましたか。

식사 준비를 거들어 주겠니?

● ⬜ を手伝^{てつだ}ってくれる?

잘 먹겠습니다.

● ⬜ 。

잘 먹었습니다.

● ⬜ 。

그릇 좀 치워 주겠니?

● お皿^{さら}を ⬜ くれる?

 Mini Talk

A: ちゃんと手^てを洗^{あら}った?

챤또 데오 아랏따
손은 잘 씻었니?

B: はい。これ、ほんとうに
おいしそうですね。

하이. 고레, 혼또-니 오이시소-데스네
네. 이거 정말 맛있어 보이네요.

26 • 이렇게 말해봐 일상일본어

저녁시간을 보낼 때

>> 녹음을 듣고 소리내어 읽어볼까요? <<< 듣기 >>>

역시 집이 좋아!

やっぱり家はいいな。

얍빠리 이에와 이-나

샤워 좀 할까?

シャワーを浴びるか。

샤와-오 아비루까

목욕물이 데워졌어요.

お風呂がわいてるよ。

오후로가 와이떼루요

텔레비전을 더 보고 싶어요.

もっとテレビが見たいですよ。

못또 테레비가 미따이데스요

숙제는 끝났니?

宿題は終わったの?

슈꾸다이와 오왓따노

내일 준비는 다 했니?

あしたの用意はできているの?

아시따노 요-이와 데끼떼 이루노

다음 문장을 일본어로 말할 수 있는지 쓰면서 체크해 보세요.

역시 집이 좋아!

- やっぱり ☐ な。

샤워 좀 할까?

- ☐ を浴<small>あ</small>びるか。

목욕물이 데워졌어요.

- ☐ がわいてるよ。

텔레비전을 더 보고 싶어요.

- もっと ☐ ですよ。

숙제는 끝났니?

- ☐ は終<small>お</small>わったの?

내일 준비는 다 했니?

- あしたの ☐ はできているの?

Mini Talk

A: 今何<small>いまなに</small>やってるの?

이마 나니 얏떼루노

지금 무얼 하고 있니?

B: テレビを見<small>み</small>ていますよ。

테레비오 미떼 이마스요

텔레비전을 보고 있어요.

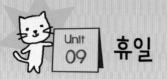

오늘은 어떻게 보낼까?

今日はどうやって過そうかな。

쿄-와 도-얏떼 스고소-까나

낮잠을 자고 싶군.

昼寝をしたいな。

히루네오 시따이나

백화점에 쇼핑 갑시다.

デパートに買い物に行きましょう。

데파-토니 가이모노니 이끼마쇼-

개를 데리고 산책을 가자.

犬を連れて散歩に行こう。

이누오 쓰레떼 삼뽀니 이꼬-

오늘은 데이트가 있어요.

今日はデートなんですよ。

쿄-와 데-토난데스요

프로야구를 보러 갑시다.

プロ野球を見に行きましょう。

프로야뀨-오 미니 이끼마쇼-

다음 문장을 일본어로 말할 수 있는지 쓰면서 체크해 보세요.

오늘은 어떻게 보낼까?

- 今日は [　　　　　] 過そうかな。

낮잠을 자고 싶군.

- [　　] をしたいな。

백화점에 쇼핑 갑시다.

- デパートに [　　　　] に行きましょう。

개를 데리고 산책을 가자.

- 犬を連れて [　　　] に行こう。

오늘은 데이트가 있어요.

- 今日は [　　　] なんですよ。

프로야구를 보러 갑시다.

- [　　　　] を見に行きましょう。

 Mini Talk

A: 今夜は外食しましょう。

공야와 가이쇼꾸시마쇼-

오늘밤에는 외식합시다.

B: どこか行きたい店はありますか。

도꼬까 이끼따이 미세와 아리마스까

어디 가고 싶은 가게는 있어요?

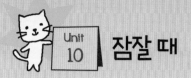

Unit 10 잠잘 때

>> 녹음을 듣고 소리내어 읽어볼까요? <<< 듣기 >>>

오늘밤은 일찍 잡시다.

今夜は早く寝ましょう。

공야와 하야꾸 네마쇼-

이제 잘 시간이에요.

もう寝る時間ですよ。

모- 네루 지깡데스요

텔레비전을 보지 말고 일찍 자거라.

テレビを見ないで早く寝なさい。

테레비오 미나이데 하야꾸 네나사이

내일은 아침 일찍 깨워줘요.

あしたは朝早く起こしてね。

아시따와 아사하야꾸 오꼬시떼네

좋은 꿈꾸세요.

いい夢を見ますように。

이- 유메오 미마스요-니

안녕히 주무세요(잘 자거라).

おやすみなさい。

오야스미나사이

다음 문장을 일본어로 말할 수 있는지 쓰면서 체크해 보세요.

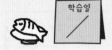

오늘밤은 일찍 잡시다.

● ［　　　　］は早く寝ましょう。

이제 잘 시간이에요.

● もう ［　　　　　　］ ですよ。

텔레비전을 보지 말고 일찍 자거라.

● テレビを見ないで ［　　　　　　　　］ 。

내일은 아침 일찍 깨워줘요.

● あしたは ［　　　　　］ 起こしてね。

좋은 꿈꾸세요.

● いい ［　　　　　　］ ように。

안녕히 주무세요(잘 자거라).

● ［　　　　　　　　］ 。

Mini Talk

A: 寝ていたの?

네떼 이따노

자고 있었니?

B: いいや、起きていたよ。

이-야, 오끼떼 이따요

아냐, 안 자고 있었어.

PART

02

こんなふうに言ってみろ!

학교에서 가장 많이
쓰는 말은
학교 선생님이
만든다!

학교생활

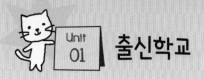

>> 녹음을 듣고 소리내어 읽어볼까요? <<< 듣기 >>>

대학은 이미 졸업했어요.

大学はもう卒業しています。

다이가꾸와 모- 소쯔교-시떼 이마스

지금 대학에 다니고 있어요.

いま、大学へ行っています。

이마, 다이가꾸에 잇떼 이마스

어느 대학을 다니고 있어요?

どちらの大学に行っていますか。

도찌라노 다이가꾸니 잇떼 이마스까

어느 학교를 나왔어요?

どちらの学校を出ましたか。

도찌라노 각꼬-오 데마시다까

어느 학교 출신이세요?

出身校はどちらですか。

슛싱꼬-와 도찌라데스까

그녀는 사립대학 출신이에요.

彼女は私立大学の出身です。

가노죠와 시리쯔 다이가꾸노 슛신데스

다음 문장을 일본어로 말할 수 있는지 쓰면서 체크해 보세요.

대학은 이미 졸업했어요.

- [　　] はもう卒業(そつぎょう)しています。

지금 대학에 다니고 있어요.

- いま、[　　　　　] います。

어느 대학을 다니고 있어요?

- [　　　　　] に行(い)っていますか。

어느 학교를 나왔어요?

- どちらの [　　　　　] か。

어느 학교 출신이세요?

- [　　] はどちらですか。

그녀는 사립대학 출신이에요.

- 彼女(かのじょ)は [　　　] の出身(しゅっしん)です。

 Mini Talk

A: あなたはどこの大学(だいがく)を出(で)ましたか。

아나따와 도꼬노 다이가꾸오 데마시다까

당신은 어느 대학을 나왔어요?

B: 地方(ちほう)の国立大学(こくりつだいがく)に通(かよ)いました。

치호-노 고꾸리쯔다이가꾸니 가요이마시다

지방 국립대학을 다녔어요.

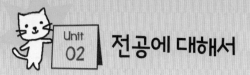

대학에서의 전공은 무엇입니까?

大学での専攻は何ですか。
だいがく　　　せんこう　　なん

다이가꾸데노 셍꼬-와 난데스까

무엇을 전공하셨습니까?

何を専攻なさいましたか。
なに　せんこう

나니오 셍꼬- 나사이마시다까

대학에서는 무엇을 공부했습니까?

大学では何を勉強しましたか。
だいがく　　　なに　べんきょう

다이가꾸데와 나니오 벵꼬- 시마시다까

학부에서 법을 전공했습니다.

学部で法学を専攻しました。
がくぶ　ほうがく　せんこう

가꾸부데 호-가꾸오 셍꼬-시마시다

당신은 경제를 전공하고 있습니까?

あなたは経済を専攻していますか。
けいざい　せんこう

아나따와 케-자이오 셍꼬-시떼 이마스까

대학원에서는 언어학을 연구했습니다.

大学院では言語学を研究しました。
だいがくいん　　げんごがく　けんきゅう

다이가꾸인데와 겡고가꾸오 겡뀨-시마시다

다음 문장을 일본어로 말할 수 있는지 쓰면서 체크해 보세요.

대학에서의 전공은 무엇입니까?

• 大学での [　　] は何ですか。

무엇을 전공하셨습니까?

• [　　] なさいましたか。

대학에서는 무엇을 공부했습니까?

• 大学では何を [　　　　　] か。

학부에서 법을 전공했습니다.

• [　　] で法学を専攻しました。

당신은 경제를 전공하고 있습니까?

• あなたは [　　] を専攻していますか。

대학원에서는 언어학을 연구했습니다.

• [　　] では言語学を研究しました。

Mini Talk

A: 大学で何を専攻したのですか。

다이가꾸데 나니오 셍꼬-시따노데스까

대학에서 무엇을 전공했습니까?

B: 経済学です。

케-자이가꾸데스

경제학입니다.

학생이세요?

がくせい
学生さんですか。

각세-산데스까

당신은 몇 학년이세요?

なんねんせい
あなたは何年生ですか。

아나따와 난넨세-데스까

학교는 집에서 그다지 멀지 않아요.

がっこう　　いえ　　　　　　　とお
学校は家からあまり遠くないです。

각꼬-와 이에까라 아마리 도-꾸나이데스

저 하얀 건물이 도서관인가요?

しろ　たてもの　　と しょかん
あの白い建物が図書館ですか。

아노 시로이 다떼모노가 도쇼깐데스까

식당은 어디에 있어요?

しょくどう
食堂はどこにありますか。

쇼꾸도-와 도꼬니 아리마스까

캠퍼스는 상당히 넓군요.

ひろ
キャンパスはなかなか広いですね。

캬파스와 나까나까 히로이데스네

다음 문장을 일본어로 말할 수 있는지 쓰면서 체크해 보세요.

학생이세요?

- ⬚⬚⬚ **ですか。**

당신은 몇 학년이세요?

- **あなたは** ⬚⬚ **ですか。**

학교는 집에서 그다지 멀지 않아요.

- **学校は家からあまり** ⬚⬚⬚ **です。**
  _{がっこう} _{いえ}

저 하얀 건물이 도서관인가요?

- **あの白い建物が** ⬚⬚ **ですか。**
  _{しろ} _{たてもの}

식당은 어디에 있어요?

- ⬚⬚ **はどこにありますか。**

캠퍼스는 상당히 넓군요.

- ⬚⬚⬚ **はなかなか広いですね。**
  _{ひろ}

 Mini Talk

A: **今、通っている学校はどうですか。**
   _{いま} _{かよ} _{がっこう}

   이마, 가욧떼 이루 각꼬-와 도-데스까

   지금 다니고 있는 학교는 어때요?

B: **いいですよ。キャンパスも**
   広くて静かです。
   _{ひろ} _{しず}

   이-데스요. 캄파스모 히로꾸떼 시즈까데스

   좋아요. 캠퍼스도 넓고 조용해요.

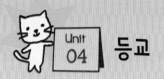

>> 녹음을 듣고 소리내어 읽어볼까요? <<< 듣기 >>>

서둘지 않으면 지각해.

急がないと、遅刻するよ。

이소가나이또, 치코꾸스루요

벌써 시간이 이렇게 됐네. 빨리 가야겠어.

もうこんな時間だ。早く行かなくっちゃ。

모- 곤나 지깐다. 하야꾸 이까나꿋쨔

빠뜨린 건 없니?

忘れ物はないの?

와스레모노와 나이노

뭔가 빠뜨린 것 같은 느낌이 들어요.

何か忘れ物したような気がしますよ。

나니까 와스레모노시따 요-나 기가 시마스요

오늘 아침은 평소보다 늦어도 돼요.

今朝はいつもより遅くてもいいんですよ。

케사와 이쓰모요리 오소꾸떼모 이인데스요

나는 자전거로 통학하고 있어요.

わたしは自転車で通学しています。

와따시와 지뗀샤데 쓰-가꾸시떼 이마스

다음 문장을 일본어로 말할 수 있는지 쓰면서 체크해 보세요.

서둘지 않으면 지각해.

● 急<small>いそ</small>がないと、[　　　　]よ。

벌써 시간이 이렇게 됐네. 빨리 가야겠어.

● もう [　　　　] だ。早<small>はや</small>く行<small>い</small>かなくっちゃ。

빠뜨린 건 없니?

● [　　　　] はないの?

뭔가 빠뜨린 것 같은 느낌이 들어요.

● 何<small>なに</small>か [　　　　] ような気<small>き</small>がしますよ。

오늘 아침은 평소보다 늦어도 돼요.

● 今朝<small>けさ</small>は [　　　　] 遅<small>おそ</small>くてもいいんですよ。

나는 자전거로 통학하고 있어요.

● わたしは自転車<small>じてんしゃ</small>で [　　　　]。

Mini Talk

A: まだ学校<small>がっこう</small>へ行<small>い</small>かないの?

마다 각꼬에 이까나이노

아직 학교에 안 가니?

B: 今日<small>きょう</small>は開校記念日<small>かいこうきねんび</small>ですよ。

쿄-와 카이꼬-키넴비데스요

오늘은 개교기념일이에요.

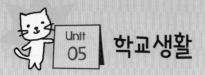

무슨 동아리에 들었니?

何のクラブに入ってるの?

난노 쿠라부니 하잇떼루노

대학시절에 동아리 활동을 했어요?

大学時代にクラブ活動をしましたか。

다이가꾸 지다이니 쿠라부 카쓰도-오 시마시다까

아르바이트는 하니?

アルバイトはしているの?

아루바이토와 시떼이루노

파트타임으로 일해요.

パートで働いているんです。

파-토데 하따라이떼 이룬데스

학창시절, 해외여행을 한 적이 있어요?

学生時代、海外旅行をしたことがありますか。

각세- 지다이, 카이가이료꼬-오 시따 고또가 아리마스까

지금부터 아르바이트야.

これからアルバイトなんだ。

고레까라 아루바이토난다

다음 문장을 일본어로 말할 수 있는지 쓰면서 체크해 보세요.

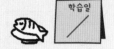

무슨 동아리에 들었니?

● 何の [　　　] に入ってるの？
  なん　　　　　　　　　はい

대학시절에 동아리 활동을 했어요?

● 大学時代に [　　　　　] をしましたか。
  だいがく じだい

아르바이트는 하니?

● [　　　　　　] はしているの？

파트타임으로 일해요.

● [　　　] で働いているんです。
  　　　　　　はたら

학창시절, 해외여행을 한 적이 있어요?

● 学生時代、[　　　　　] をしたことがありますか。
  がくせい じだい

지금부터 아르바이트야.

● これから [　　　　] なんだ。

A: 何のアルバイトをしているの？
　　　なん

난노 아루바이토오 시떼 이루노

무슨 아르바이트를 하고 있니?

B: 家庭教師だよ。
　　　か ていきょうし

카떼--쿄-시다요

과외선생이야.

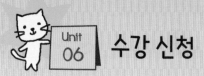

어느 과정을 수강하고 싶니?

どの課程を受講したいの?

도노 카떼-오 쥬꼬-시따이노

이번 학기에 몇 과목 수강신청을 했니?

今学期に、何科目の受講申し込みをした?

콩각끼니, 낭카모꾸노 쥬꼬- 모-시꼬미오 시따

어느 강의를 받을지 아직 안 정했니?

どの講義を受けるかまだ決めてない?

도노 코-기오 우께루까 마다 기메떼 나이

이 강의는 상당히 재미있을 거 같아.

この講義はなかなかおもしろそうだね。

고노 코-기와 나까나까 오모시로소-다네

이 강의는 기어코 수강할 생각이야.

この講義は絶対、取るつもりだよ。

고노 코-기와 젯따이, 도루 쓰모리다요

언제 수강 과목을 바꿀 수 있나요?

いつ、受講科目を変えることができますか。

이쯔, 쥬꼬- 카모꾸오 가에루 고또가 데끼마스까

다음 문장을 일본어로 말할 수 있는지 쓰면서 체크해 보세요.

어느 과정을 수강하고 싶니?

● どの課程_{かてい}を _____ の?

이번 학기에 몇 과목 수강신청을 했니?

● 今学期_{こんがっき}に、何科目_{なんかもく}の _____ をした?

어느 강의를 받을지 아직 안 정했니?

● どの _____ まだ決_きめてない?

이 강의는 상당히 재미있을 거 같아.

● この _____ はなかなか _____ ね。

이 강의는 기어코 수강할 생각이야.

● この _____ 絶対_{ぜったい}、 __ つもりだよ。

언제 수강 과목을 바꿀 수 있나요?

● いつ、 _____ ことができますか。

 Mini Talk

A: 経済学_{けいざいがく}の受講_{じゅこう}を申_{もう}し込_こむつもり?

케-자이가꾸노 쥬꼬-오 모-시꼬무 쓰모리

경제학 수강을 신청할거니?

B: まだ決_きめていないよ。

마다 기메떼 이나이요

아직 못 정했어.

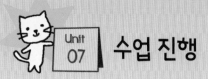

여러분, 출석을 부르겠어요.

皆さん、出席を取ります。

미나상, 슛세끼오 도리마스

자, 수업을 시작하겠어요.

さあ、授業を始めます。

사-, 쥬교-오 하지메마스

교과서를 펴세요.

教科書を開けてください。

교-까쇼오 아케떼 구다사이

칠판을 잘 보세요.

黒板をよく見てください。

고꾸방오 요꾸 미떼 구다사이

잠깐 쉬고 나서 시작하죠.

ちょっと休んでから始めましょう。

춋또 야슨데까라 하지메마쇼-

오늘은 이만 마치겠어요.

今日はこれで終わりましょう。

쿄-와 고레데 오와리마쇼-

다음 문장을 일본어로 말할 수 있는지 쓰면서 체크해 보세요.

여러분, 출석을 부르겠어요.

• 皆_{みな}さん、［　　　］を取_とります。

자, 수업을 시작하겠어요.

• さあ、［　　　］を始_{はじ}めます。

교과서를 펴세요.

• ［　　　　］を開_あけてください。

칠판을 잘 보세요.

• ［　　　　］をよく見_みてください。

잠깐 쉬고 나서 시작하죠.

• ちょっと［　　　　］始_{はじ}めましょう。

오늘은 이만 마치겠어요.

• 今日_{きょう}はこれで［　　　　　　］。

 Mini Talk

A: では、今日_{きょう}はここまで。

데와, 쿄-와 고꼬마데

그럼, 오늘은 여기까지.

B: ありがとうございました。

아리가또- 고자이마시다

수고하셨습니다.

여러분, 알겠어요?

皆_{みな}さん、分_わかりますか。

미나상, 와까리마스까

다른 질문은 없나요?

ほかの質問_{しつもん}はありませんか。

호까노 시쯔몽와 아리마셍까

좋은 질문이군요.

いい質問_{しつもん}ですね。

이- 시쯔몬데스네

다시 한 번 설명해 주시겠어요.

もう一度_{いちど}説明_{せつめい}していただけませんか。

모- 이찌도 세쯔메-시떼 이따다께마셍까

누구 아는 사람 없나요?

だれか、わかる人_{ひと}いませんか。

다레까, 와까루 히또 이마셍까

이것은 매우 중요해요.

これはとても重要_{じゅうよう}ですよ。

고레와 도떼모 쥬-요-데스요

다음 문장을 일본어로 말할 수 있는지 쓰면서 체크해 보세요.

여러분, 알겠어요?

• 皆_{みな}さん、　　　　　　　　　。

다른 질문은 없나요?

• 　　　　　　　　はありませんか。

좋은 질문이군요.

• 　　　　　　ですね。

다시 한 번 설명해 주시겠어요.

• もう一度_{いちど}　　　　　いただけませんか。

누구 아는 사람 없나요?

• だれか、　　　　　いませんか。

이것은 매우 중요해요.

• これはとても　　　　　よ。

Mini Talk

A: 先生_{せんせい}、質問_{しつもん}があります。

　　센세-, 시쯔몽가 아리마스

　　선생님, 질문이 있습니다.

B: はい、何_{なん}ですか。

　　하이, 난데스까

　　네, 무죠?

언제부터 기말시험이 시작됩니까?

いつから期末試験が始まりますか。

이쓰까라 기마쯔 시껭가 하지마리마스까

시험에 나오는 범위는 어디입니까?

試験に出る範囲はどこですか。

시껜니 데루 항이와 도꼬데스까

시험공부는 했나요?

試験勉強はしましたか。

시껨벵꾜-와 시마시다까

시험 결과는 어땠어요?

試験の結果はどうでしたか。

시껜노 겍까와 도-데시다까

이번 시험은 예상 이외로 쉬웠어요.

今度の試験は予想外に易しかったです。

곤도노 시껭와 요소-가이니 야사시깟따데스

제 학교 성적은 그저 그랬어요.

わたしの学校の成績はまあまあでした。

와따시노 각꼬-노 세-세끼와 마-마-데시다

다음 문장을 일본어로 말할 수 있는지 쓰면서 체크해 보세요.

언제부터 기말시험이 시작됩니까?

- いつから [　　　] が始まりますか。

시험에 나오는 범위는 어디입니까?

- [　　　] 範囲はどこですか。

시험공부는 했나요?

- [　　　] はしましたか。

시험 결과는 어땠어요?

- [　　　] はどうでしたか。

이번 시험은 예상 이외로 쉬웠어요.

- 今度の試験は [　　　　　] です。

제 학교 성적은 그저 그랬어요.

- わたしの学校の [　　　　] でした。

 Mini Talk

A: 今度の試験はどうでしたか。

곤도노 시껭와 도-데시다까

이번 시험은 어땠어요?

B: なかなか難しかったですよ。

나까나까 무즈까시깟따데스요

상당히 어려웠어요.

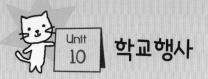

>> 녹음을 듣고 소리내어 읽어볼까요? <<< 듣기 >>>

오늘은 딸 입학식입니다.

今日はむすめの入学式です。

쿄-와 무스메노 뉴-가꾸시끼데스

이제 곧 신학기가 시작됩니다.

もうすぐ新学期が始まります。

모- 스구 싱각끼가 하지마리마스

매일 운동회 연습이야.

毎日、運動会の練習だよ。

마이니찌, 운도-까이노 렌슈-다요

수학여행은 즐거웠어.

修学旅行は楽しかったよ。

슈-가꾸료꼬-와 다노시깟따요

이제 곧 대학축제이군요.

もうすぐ大学祭ですね。

모- 스구 다이가꾸사이데스네

내일은 아들 졸업식이 있습니다.

あしたは息子の卒業式があります。

아시따와 무스꼬노 소쯔교-시끼가 아리마스

다음 문장을 일본어로 말할 수 있는지 쓰면서 체크해 보세요.

오늘은 딸 입학식입니다.

● 今日はむすめの _____ です。

이제 곧 신학기가 시작됩니다.

● もうすぐ _____ が始まります。

매일 운동회 연습이야.

● 毎日、_____ の練習だよ。

수학여행은 즐거웠어.

● _____ は楽しかったよ。

이제 곧 대학축제이군요.

● もうすぐ _____ ですね。

내일은 아들 졸업식이 있습니다.

● あしたは息子の _____ があります。

Mini Talk

A: 今度の文化祭のとき、何かする?

곤도노 붕까사이노 도끼, 낭까 스루

이번 문화제 때 뭔가 하니?

B: うん、クラスで芝居をするんだ。

웅, 쿠라스데 시바이오 스룬다

응, 반에서 연극을 해.

PART

03

こんなふうに言ってみろ！

직장생활

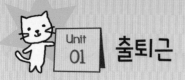

또 지각이군요.

また遅刻ですね。

마따 치코꾸데스네

타임카드는 찍었어요?

タイムカードは押しましたか。

타이무카-도와 오시마시다까

오늘 일은 몇 시에 끝나요?

今日の仕事は何時に終わりますか。

쿄-노 시고또와 난지니 오와리마스까

이제 끝냅시다.

もう終りにしましょう。

모- 오와리니 시마쇼-

수고하셨습니다. 내일 봐요!

お疲れさまでした。また明日!

오쓰까레사마데시다. 마따 아시따

먼저 실례하겠습니다.

では、お先に失礼します。

데와, 오사끼니 시쯔레-시마스

다음 문장을 일본어로 말할 수 있는지 쓰면서 체크해 보세요.

또 지각이군요.

- また [　　　] ですね。

타임카드는 찍었어요?

- [　　　　　　] は<ruby>押<rt>お</rt></ruby>しましたか。

오늘 일은 몇 시에 끝나요?

- [　　　　　　] は<ruby>何時<rt>なんじ</rt></ruby>に<ruby>終<rt>お</rt></ruby>わりますか。

이제 끝냅시다.

- もう [　　　] しましょう。

수고하셨습니다. 내일 봐요!

- [　　　　　　] でした。また<ruby>明日<rt>あした</rt></ruby>!

먼저 실례하겠습니다.

- では、お<ruby>先<rt>さき</rt></ruby>に [　　　　　　] 。

 Mini Talk

A: どうして<ruby>遅<rt>おく</rt></ruby>れたんだい。

도-시떼 오꾸레딴다이

왜 늦었나?

B: 5<ruby>分<rt>ふん</rt></ruby><ruby>遅<rt>おく</rt></ruby>れただけです。

고훙 오꾸레따다께데스

5분 늦었을 뿐입니다.

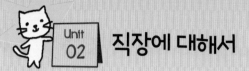

당신은 회사원입니까?

あなたは会社員ですか。

아나따와 카이샤인데스까

어느 회사에 근무합니까?

どの会社に勤めていますか。

도노 카이샤니 쓰또메떼 이마스까

어느 부서입니까?

部署はどこですか。

부쇼와 도꼬데스까

저는 이 회사에서 영업을 하고 있습니다.

わたしはこの会社で営業をやっています。

와따시와 고노 카이샤데 에-교-오 얏떼 이마스

회사는 어디에 있습니까?

会社はどこにあるんですか。

카이샤와 도꼬니 아룬데스까

정년은 언제입니까?

定年はいつですか。

테-넹와 이쯔데스까

다음 문장을 일본어로 말할 수 있는지 쓰면서 체크해 보세요.

학습일

당신은 회사원입니까?

● あなたは ☐ ですか。

어느 회사에 근무합니까?

● どの会社(かいしゃ)に ☐ か。

어느 부서입니까?

● ☐ はどこですか。

저는 이 회사에서 영업을 하고 있습니다.

● わたしはこの会社(かいしゃ)で ☐ をやっています。

회사는 어디에 있습니까?

● 会社(かいしゃ)は ☐ んですか。

정년은 언제입니까?

● ☐ はいつですか。

Mini Talk

A: あなたはどの会社(かいしゃ)に勤(つと)めていますか。

아나따와 도노 카이샤니 쓰또메떼 이마스까

당신은 어느 회사에 근무합니까?

B: 私(わたし)は貿易会社(ぼうえきがいしゃ)で働(はたら)いています。

와따시와 보-에끼가이샤데 하따라이떼 이마스

저는 무역회사에서 일하고 있습니다.

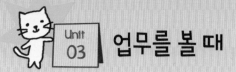

지금 무얼 하고 계신가요?

今、何をしていらっしゃいますか。

이마, 나니오 시떼 이랏샤이마스까

당신이 해줘야 할 일이 있어요.

あなたにやってもらいたい仕事があります。

아나따니 얏떼 모라이따이 시고또가 아리마스

일이 산더미처럼 쌓여 있어요.

仕事が山積みです。

시고또가 야마즈미데스

그 일은 지금 하고 있는 중이에요.

その仕事は、今しているところです。

소노 시고또와, 이마 시떼 이루 도꼬로데스

일이 끝나려면 아직 멀었어요.

仕事が終わるまでは、まだまだです。

시고또가 오와루마데와, 마다마다데스

이 일을 빨리 끝냅시다.

この仕事を早く済ませましょう。

고노 시고또오 하야꾸 스마세마쇼-

다음 문장을 일본어로 말할 수 있는지 쓰면서 체크해 보세요.

지금 무얼 하고 계신가요?

今_{いま}、 〔　　　　　〕 いらっしゃいますか。

당신이 해줘야 할 일이 있어요.

あなたに 〔　　　　　　　　〕 仕事_{しごと}があります。

일이 산더미처럼 쌓여 있어요.

仕事_{しごと}が 〔　　　　〕 です。

그 일은 지금 하고 있는 중이에요.

その仕事_{しごと}は、今_{いま} 〔　　　　　　　〕。

일이 끝나려면 아직 멀었어요.

仕事_{しごと}が終_おわるまでは、〔　　　　　　〕。

이 일을 빨리 끝냅시다.

この仕事_{しごと}を早_{はや}く 〔　　　　　　〕。

Mini Talk

A: 時間_{じかん}がどれくらいかかりましたか。

지깡가 도레쿠라이 가까리마시다까

시간이 어느 정도 걸렸어요?

B: 計画_{けいかく}した日_ひにちより、
二倍以上_{にばいいじょう}もかかりました。

케-카꾸시따 히니찌요리, 니바이 이죠-모 가까리마시다

계획한 날짜보다 두 배 이상이나 걸렸어요.

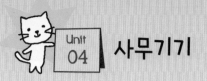

뭐 필요한 것은 없나요?

何か必要なものはありませんか。

나니까 히쯔요-나 모노와 아리마셍까

오늘 복사용지를 주문했어요.

今日、コピー用紙を注文しました。

쿄-, 코피-요-시오 츄-몬시마시다

토너가 떨어지면 교환해 주세요.

トナーがなくなったら、交換してください。

토나-가 나꾸낫따라, 코-깐시떼 구다사이

양면테이프를 안 갖고 있나요?

両面テープを持っていませんか。

료-멘 테-푸오 못떼 이마셍까

잠깐 호치키스를 빌려 주세요.

ちょっと、ホチキスを貸してください。

춋또, 호치키스오 가시떼 구다사이

누구 고무밴드 안 가지고 있나요?

だれか輪ゴムを持っていませんか。

다레까 와고무오 못떼 이마셍까

다음 문장을 일본어로 말할 수 있는지 쓰면서 체크해 보세요.

뭐 필요한 것은 없나요?

- 何か [   ] はありませんか。

오늘 복사용지를 주문했어요.

- 今日、[   ] を注文しました。

토너가 떨어지면 교환해 주세요.

- トナーがなくなったら、[   ] ください。

양면테이프를 안 갖고 있나요?

- [   ] を持っていませんか。

잠깐 호치키스를 빌려 주세요.

- ちょっと、[   ] を貸してください。

누구 고무밴드 안 가지고 있나요?

- だれか [   ] を持っていませんか。

A: この書類をコピーしてください。

고노 쇼루이오 코피-시떼 구다사이

이 서류를 복사해 주세요.

B: はい、何部を
コピーしましょうか。

하이, 남부오 코피-시마쇼-까

네, 몇 부를 복사할까요?

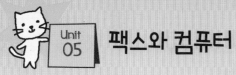

지금 팩스로 보내 주세요.

今、ファックスで送ってください。

이마, 확쿠스데 오쿳떼 구다사이

견적서를 팩스로 보내겠습니다.

見積書をファックスで送ります。

미쓰모리쇼오 확쿠스데 오꾸리마스

팩스번호를 알려 주세요.

ファックス番号を教えてください。

확쿠스 방고-오 오시에떼 구다사이

보고서 파일명은 뭐죠?

報告書のファイル名は何ですか。

호-코꾸쇼노 화이루메-와 난데스까

컴퓨터가 다운됐어요.

コンピューターがフリーズしましたよ。

콤퓨-타-가 후리-즈시마시다

바이러스 체크를 해 봤어요?

ウイルスチェックしてみましたか。

우이루스 첵꾸시떼 미마시다까

다음 문장을 일본어로 말할 수 있는지 쓰면서 체크해 보세요.

지금 팩스로 보내 주세요.

今、　　　　　　で送ってください。
いま　　　　　　　　おく

견적서를 팩스로 보내겠습니다.

　　　　　をファックスで送ります。
　　　　　　　　　　　　　　おく

팩스번호를 알려 주세요.

　　　　　　　　を教えてください。
　　　　　　　　　おし

보고서 파일명은 뭐죠?

　　　　のファイル名は何ですか。
　　　　　　　　　　めい　なん

컴퓨터가 다운됐어요.

　　　　　　　がフリーズしましたよ。

바이러스 체크를 해 봤어요?

　　　　　　　　　してみましたか。

 Mini Talk

A: ファックスが来ていますよ。
　　　　　　　　　き

　　확쿠스가 기떼 이마스요
　　팩스가 와 있어요.

B: どこからファックスが来ま
　　したか。
　　　　　　　　　　　　　　き

　　도꼬까라 확꾸스가 기마시다까
　　어디서 팩스가 왔어요?

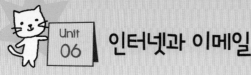

이번에 홈페이지를 갱신했어요.

今度、ホームページを更新しましたよ。

곤도, 호-무페-지오 코-신시마시다요

이 사이트는 상당히 재밌군요.

このサイトはなかなかおもしろいですね。

고노 사이토와 나까나까 오모시로이데스네

이건 인터넷으로 찾아볼게요.

これはインターネットで調べてみますよ。

고레와 인타-넷토데 시라베떼 미마스요

이메일 주소를 가르쳐 주세요.

メールアドレスを教えてください。

메-루 아도레스오 오시에떼 구다사이

서류를 메일로 보내 주세요.

書類をメールで送ってください。

쇼루이오 메-루데 오쿳떼 구다사이

스팸메일이 늘어나 큰일이에요.

迷惑メールが増えて困っているんです。

메-와꾸메-루가 후에떼 고맛떼 이룬데스

다음 문장을 일본어로 말할 수 있는지 쓰면서 체크해 보세요.

이번에 홈페이지를 갱신했어요.

- 今度、 [   ] を更新しましたよ。

이 사이트는 상당히 재밌군요.

- この [   ] はなかなかおもしろいですね。

이건 인터넷으로 찾아볼게요.

- これは [   ] で調べてみますよ。

이메일 주소를 가르쳐 주세요.

- [   ] を教えてください。

서류를 메일로 보내 주세요.

- [   ] をメールで送ってください。

스팸메일이 늘어나 큰일이에요.

- [   ] が増えて困っているんです。

 Mini Talk

A: 今、メールでお送りします。

이마, 메-루데 오오꾸리시마스

지금 메일로 보내드리겠습니다.

B: こちらのメールアドレスは
ご存じですか。

고찌라노 메-루아도레스와 고존지데스까

저희 이메일 주소는 아십니까?

오후 회의는 어디서 있나요?

午後の会議はどこであるんですか。

고고노 카이기와 도꼬데 아룬데스까

회의는 몇 시부터인가요?

会議は何時からですか。

카이기와 난지까라데스까

이번 회의는 참석할 수 없어요.

今回の会議には出られません。

공까이노 카이기니와 데라레마셍

그 밖에 다른 의견은 없나요?

ほかに何か意見はありませんか。

호까니 나니까 이껭와 아리마셍까

프레젠테이션은 언제인가요?

プレゼンテーションはいつですか。

푸레젠테-숑와 이쯔데스까

프레젠테이션 반응은 어땠나요?

プレゼンテーションの反応はどうでしたか。

푸레젠테-숀노 한노-와 도-데시다까

다음 문장을 일본어로 말할 수 있는지 쓰면서 체크해 보세요.

오후 회의는 어디서 있나요?

● [   ] はどこであるんですか。

회의는 몇 시부터인가요?

● [   ] からですか。

이번 회의는 참석할 수 없어요.

● [   ] には出^でられません。

그 밖에 다른 의견은 없나요?

● ほかに何^{なに}か [   ] はありませんか。

프레젠테이션은 언제인가요?

● [   ] はいつですか。

프레젠테이션 반응은 어땠나요?

● [   ] はどうでしたか。

 Mini Talk

A: 会議^{かいぎ}はどれくらいで終^おわりますか。

카이기와 도레쿠라이데 오와리마스까

회의는 어느 정도면 끝납니까?

B: 今日^{きょう}の会議^{かいぎ}は長引^{ながび}くかも
しれません。

쿄-노 카이기와 나가비꾸까모 시레마셍

오늘의 회의는 길어질지도 몰라요.

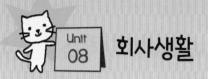

Unit 08 회사생활

>> 녹음을 듣고 소리내어 읽어볼까요? <<< 듣기 >>>

다음주부터 1주일간 휴가를 내고 싶습니다.

来週から一週間の休暇をとりたいのです。
らいしゅう　いっしゅうかん　きゅうか

라이슈-까라 잇슈-깐노 큐-까오 도리따이노데스

언제 월급을 올려 주시겠습니까?

いつ月給を上げていただけますか。
げっきゅう　あ

이쯔 겍뀨오 아게떼 이따다께마스까

승진을 축하드립니다.

ご昇進、おめでとうございます。
しょうしん

고쇼-싱, 오메데또- 고자이마스

올해는 보너스도 안 나올 것 같아요.

今年は、ボーナスも出ないようですよ。
ことし　で

고또시와, 보-나스모 데나이요-데스요

부장님은 정년을 안 기다리고 명퇴했습니다.

部長は定年を待たずして勇退しました。
ぶちょう　ていねん　ま　ゆうたい

부쬬-와 테-넹오 마따즈시떼 유-따이시마시다

퇴근시간이에요. 일을 정리합시다.

退社時間ですよ。仕事を片付けましょう。
たいしゃじかん　しごと　かたづ

타이샤 지깐데스요. 시고또오 카따즈께마쇼-

다음 문장을 일본어로 말할 수 있는지 쓰면서 체크해 보세요.

다음주부터 1주일간 휴가를 내고 싶습니다.

- 来週から一週間の [   ] のです。

언제 월급을 올려 주시겠습니까?

- いつ [   ] いただけますか。

승진을 축하드립니다.

- [   ] 、おめでとうございます。

올해는 보너스도 안 나올 것 같아요.

- 今年は、[   ] も出ないようですよ。

부장님은 정년을 안 기다리고 명퇴했습니다.

- 部長は [   ] を待たずして [   ] しました。

퇴근시간이에요. 일을 정리합시다.

- [   ] ですよ。仕事を片付けましょう。

 Mini Talk

A: 課長に相談したいことがあるんですが。

카쬬-니 소-단시따이 고또가 아룬데스가

과장님께 의논드릴 말씀이 있는데요.

B: どんな話なんだい。

돈나 하나시난다이

무슨 일인가?

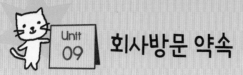

내일 찾아뵙고 싶은데요.

あした、お伺いしたいのですが。

아시따, 오우까가이 시따이노데스가

지금 찾아봬도 될까요?

これからお伺いしてもいいですか。

고레까라 오우까가이시떼모 이-데스까

제가 그쪽으로 갈까요?

わたしがそちらに参りましょうか。

와따시가 소찌라니 마이리마쇼-까

우리 사무실까지 와 주시겠습니까?

わたしのオフィスまで来ていただけますか。

와따시노 오휘스마데 기떼 이따다께마스까

언제 가면 가장 좋을까요?

いつ行けばいちばんいいのでしょうか。

이쯔 이께바 이찌방 이-노데쇼-까

그 날은 스케줄이 잡혀 있습니다.

その日はスケジュールが入っています。

소노 히와 스케쥬-루가 하잇떼 이마스

다음 문장을 일본어로 말할 수 있는지 쓰면서 체크해 보세요.

내일 찾아뵙고 싶은데요.

- あした、 [   ] のですが。

지금 찾아봬도 될까요?

- これから [   ] いいですか。

제가 그쪽으로 갈까요?

- わたしがそちらに [   ] か。

우리 사무실까지 와 주시겠습니까?

- わたしのオフィスまで [   ] か。

언제 가면 가장 좋을까요?

- いつ行<ruby>い</ruby>けば [   ] のでしょうか。

그 날은 스케줄이 잡혀 있습니다.

- その日<ruby>ひ</ruby>は [   ] が入<ruby>はい</ruby>っています。

 Mini Talk

A: お時間<ruby>じ かん</ruby>があれば、お会<ruby>あ</ruby>いしたいのですが。

오지깡가 아레바, 오아이시따이노데스가

시간이 있으면, 뵙고 싶은데요.

B: 午後<ruby>ご ご</ruby>3時<ruby>じ</ruby>はいかがでしょうか。

고고 산지와 이까가데쇼-까

오후 3시는 어떠세요?

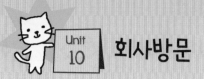

Unit 10 회사방문

>> 녹음을 듣고 소리내어 읽어볼까요? <<< 듣기 >>>

요시무라 씨를 뵙고 싶은데요.

吉村さんにお会いしたいのですが。

요시무라산니 오아이시따이노데스가

영업부 다나카 씨는 계십니까?

営業部の田中さんはいらっしゃいますか。

에-교-부노 타나까상와 이랏샤이마스까

무슨 용건이십니까?

何のご用件ですか。

난노 고요-껜데스까

자, 여기에 앉으십시오.

どうぞ、ここにお座りください。

도-조, 고꼬니 오스와리 쿠다사이

기다리게 해서 죄송합니다.

お待たせしてすみません。

오마따세시떼 스미마셍

이건 제 명함입니다.

これはわたしの名刺です。

고레와 와따시노 메-시데스

다음 문장을 일본어로 말할 수 있는지 쓰면서 체크해 보세요.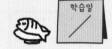

요시무라 씨를 뵙고 싶은데요.

- 吉村さんに [　　　　　　] のですが。

영업부 다나카 씨는 계십니까?

- [　　　　] の田中さんはいらっしゃいますか。

무슨 용건이십니까?

- 何の [　　　　] ですか。

자, 여기에 앉으십시오.

- どうぞ、ここに [　　　　　　　] 。

기다리게 해서 죄송합니다.

- [　　　　　　] すみません。

이건 제 명함입니다.

- これはわたしの [　　　] です。

Mini Talk

A: お約束ですか。

오약소꾸데스까

약속은 하셨습니까?

B: いいえ。でも田中さんにお会
いしたいのですが。

이-에. 데모 다나까산니 오아이시따이노데스가

아니오. 하지만 다나카 씨를 만나고 싶은데요.

PART
04

こんなふうに言ってみろ！

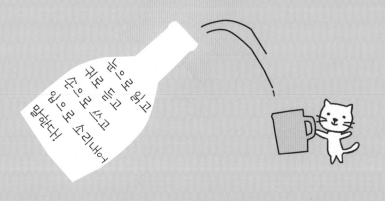

초대와 방문

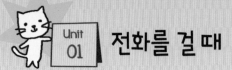

여보세요. 한국에서 온 김인데요.

もしもし。韓国から来たキムですが。

모시모시. 캉코꾸까라 기따 기무데스가

여보세요. 요시다 씨 댁이죠?

もしもし、吉田さんのお宅ですか。

모시모시, 요시다산노 오따꾸데스까

나카무라 씨와 통화하고 싶은데요.

中村さんと話したいんですが。

나까무라산또 하나시따인데스가

여보세요. 스즈키 씨 좀 바꿔주세요.

もしもし、鈴木さんをお願いします。

모시모시, 스즈키상오 오네가이시마스

여보세요, 그쪽은 다나카 씨이세요?

もしもし、そちらは田中さんでしょうか。

모시모시, 소찌라와 다나카산데쇼-까

요시노 선생님은 계세요?

吉野先生はいらっしゃいますか。

요시노 센세-와 이랏샤이마스까

다음 문장을 일본어로 말할 수 있는지 쓰면서 체크해 보세요.

여보세요. 한국에서 온 김인데요.

- もしもし。 [　　　　] キムですが。

여보세요. 요시다 씨 댁이죠?

- もしもし、吉田さんの [　　　　]。

나카무라 씨와 통화하고 싶은데요.

- 中村さんと [　　　] んですが。

여보세요. 스즈키 씨 좀 바꿔주세요.

- もしもし、鈴木さんを [　　　　]。

여보세요, 그쪽은 다나카 씨이세요?

- もしもし、そちらは田中 [　　　　]。

요시노 선생님은 계세요?

- 吉野先生は [　　　　] か。

 Mini Talk

A: もしもし。吉田さんのお宅ですか。

모시모시. 요시다산노 오타꾸데스까

여보세요. 요시다 씨 댁이죠?

B: はい、そうですが。

하이, 소-데스가

네, 그런데요.

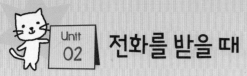

Unit 02 전화를 받을 때

>> 녹음을 듣고 소리내어 읽어볼까요? <<< 듣기 >>>

네, 전데요.

はい、わたしですが。

하이, 와따시데스가

누구시죠?

どちらさまでしょうか。

도찌라사마데쇼-까

잠시 기다려 주십시오.

少々お待ちください。

쇼-쇼- 오마찌 구다사이

곧 요시무라 씨를 바꿔드릴게요.

ただいま吉村さんと代わります。

다다이마 요시무라산또 가와리마스

여보세요, 전화 바꿨습니다.

もしもし、お電話代わりました。

모시모시, 오뎅와 가와리마시다

지금 다른 전화를 받고 있는데요.

いま、ほかの電話に出ていますが。

이마, 호까노 뎅와니 데떼 이마스가

✎ 다음 문장을 일본어로 말할 수 있는지 쓰면서 체크해 보세요.

네, 전데요.

• はい、　　　　　　　　が。

누구시죠?

• 　　　　　　　でしょうか。

잠시 기다려 주십시오.

しょうしょう
• 少 々　　　　　　　　　。

곧 요시무라 씨를 바꿔드릴게요.

よしむら
• ただいま吉村さんと　　　　　　　。

여보세요, 전화 바꿨습니다.

でん わ
• もしもし、お電話　　　　　　　　。

지금 다른 전화를 받고 있는데요.

でん わ
• いま、ほかの電話に　　　　　　　が。

Mini Talk

でん わ　　　で
A: いま、ほかの電話に出ておりますが。

이마, 호까노 뎅와니 데떼 오리마스가

지금 다른 전화를 받고 있는데요.

あと　　　　なお
B: あ、そうですか。後でかけ直します。

아, 소-데스까. 아또데 가께나오시마스

아, 그래요? 나중에 다시 걸게요.

언제 돌아오세요?

いつお戻りになりますか。

이쯔 오모도리니 나리마스까

무슨 연락할 방법은 없나요?

何とか連絡する方法はありませんか。

난또까 렌라꾸스루 호-호-와 아리마셍까

나중에 다시 걸게요.

あとでもう一度かけなおします。

아또데 모- 이찌도 가께나오시마스

미안합니다. 아직 출근하지 않았습니다.

すみません。まだ出社しておりません。

스미마셍. 마다 슛샤시떼 오리마셍

잠깐 자리를 비웠습니다.

ちょっと席をはずしております。

촛또 세끼오 하즈시떼 오리마스

오늘은 쉽니다.

きょうは休みを取っております。

쿄-와 야스미오 돗떼 오리마스

다음 문장을 일본어로 말할 수 있는지 쓰면서 체크해 보세요.

언제 돌아오세요?

● いつ _____ か。

무슨 연락할 방법은 없나요?

● 何^{なん}とか _____ 方法^{ほうほう}はありませんか。

나중에 다시 걸게요.

● あとでもう一度^{いちど} _____ 。

미안합니다. 아직 출근하지 않았습니다.

● すみません。まだ _____ 。

잠깐 자리를 비웠습니다.

● ちょっと _____ おります。

오늘은 쉽니다.

● きょうは _____ おります。

Mini Talk

A: まだ帰^{かえ}ってきていないんですが。

　　마다 가엣떼기떼 이나인데스가

　　아직 돌아오지 않았는데요.

B: 何^{なん}とか連絡^{れんらく}する方法^{ほうほう}は
　　ありませんか。

　　난또까 렌라꾸스루 호-호-와 아리마셍까

　　무슨 연락할 방법은 없나요?

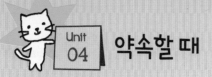

>> 녹음을 듣고 소리내어 읽어볼까요? <<< 듣기 >>>

몇 시까지 시간이 비어 있나요?

何時まで時間があいてますか。

난지마데 지깡가 아이떼마스까

약속 장소는 그쪽에서 정하세요.

約束の場所はそちらで決めてください。

약소꾸노 바쇼와 소찌라데 기메떼 구다사이

좋아요. 그 때 만나요.

いいですよ。そのときに会いましょう。

이-데스요. 소노 도끼니 아이마쇼-

미안한데, 오늘은 안 되겠어요.

残念ながら、今日はだめなんです。

잔넨나가라, 쿄-와 다메난데스

그 날은 아쉽게도 약속이 있어요.

その日は、あいにくと約束があります。

소노 히오, 아이니꾸또 약소꾸가 아리마스

급한 일이 생겨서 갈 수 없네요.

急用ができて行けません。

큐-요-가 데끼떼 이께마셍

다음 문장을 일본어로 말할 수 있는지 쓰면서 체크해 보세요.

몇 시까지 시간이 비어 있나요?

何時まで ☐☐☐☐☐☐☐☐☐ か。

약속 장소는 그쪽에서 정하세요.

☐☐☐☐☐☐ はそちらで決めてください。

좋아요. 그 때 만나요.

いいですよ。そのときに ☐☐☐☐☐☐ 。

미안한데, 오늘은 안 되겠어요.

☐☐☐☐☐☐ 、今日はだめなんです。

그 날은 아쉽게도 약속이 있어요.

その日は、☐☐☐☐☐ 約束があります。

급한 일이 생겨서 갈 수 없네요.

☐☐☐☐☐ 行けません。

Mini Talk

A: わたしと昼食をいっしょにいかがですか。

와따시또 츄-쇼꾸오 잇쇼니 이까가데스까

저와 함께 점심을 하실까요?

B: 今日はまずいですけど、
あしたはどうですか。

쿄-와 마즈이데스께도, 아시따와 도-데스까

오늘은 곤란한데, 내일은 어때요?

>> 녹음을 듣고 소리내어 읽어볼까요? <<< 듣기 >>>

우리 집에 식사하러 안 올래요?

うちに食事に来ませんか。

우찌니 쇼꾸지니 기마셍까

오늘밤 나와 식사는 어때요?

今晩、わたしと食事はどうですか。

곰방, 와따시또 쇼꾸지와 도-데스까

언제 한번 식사라도 하시지요.

そのうち食事でもいたしましょうね。

소노우찌 쇼꾸지데모 이따시마쇼-네

언제 한번 놀러 오세요.

いつか遊びに来てください。

이쯔까 아소비니 기떼 구다사이

가족 모두 함께 오십시오.

ご家族そろってお越しください。

고카조꾸 소롯떼 오꼬시 구다사이

아무런 부담 갖지 말고 오십시오.

どうぞお気軽にいらしてください。

도-조 오키가루니 이라시떼 구다사이

다음 문장을 일본어로 말할 수 있는지 쓰면서 체크해 보세요.

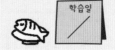

우리 집에 식사하러 안 올래요?

● うちに 　　　　　　　　 。

오늘밤 나와 식사는 어때요?

● 今晩、わたしと 　　　　　　　　 。
　　こんばん

언제 한번 식사라도 하시지요.

● そのうち 　　　　 いたしましょうね。

언제 한번 놀러 오세요.

● いつか 　　　　 ください。

가족 모두 함께 오십시오.

● ご家族そろって 　　　　　　 。
　　か ぞく

아무런 부담 갖지 말고 오십시오.

● どうぞ 　　　　 いらしてください。

Mini Talk

A: 今晩、わたしと食事はどうですか。
　　こんばん　　　　　しょくじ
　곰방, 와따시또 쇼꾸지와 도-데스까
　오늘밤 나와 식사는 어때요?

B: いいですねえ。
　이-데스네-
　좋지요.

Unit 06 초대에 응답할 때

>> 녹음을 듣고 소리내어 읽어볼까요? <<< 듣기 >>>

기꺼이 갈게요.

よろこんでうかがいます。

요로꼰데 우까가이마스

꼭 갈게요.

きっと行きます。

깃또 이끼마스

초대해 줘서 고마워요.

招いてくれてありがとう。

마네이떼 구레떼 아리가또-

아쉽지만 갈 수 없어요.

残念ながら行けません。

잔넨나가라 이께마셍

그 날은 갈 수 없을 것 같은데요.

その日は行けないようですが。

소노 히와 이께나이 요-데스가

그 날은 선약이 있어서요.

その日は先約がありますので。

소노 히와 셍야꾸가 아리마스노데

기꺼이 갈게요.

- よろこんで 　　　　　　　。

꼭 갈게요.

- 　　　　　 行^いきます。

초대해 줘서 고마워요.

- 　　　　　　　 ありがとう。

아쉽지만 갈 수 없어요.

- 　　　　　 行^いけません。

그 날은 갈 수 없을 것 같은데요.

- その日^ひは 　　　　 ようですが。

그 날은 선약이 있어서요.

- その日^ひは 　　　　　　　 ので。

A: 誕生^{たんじょう}パーティーに来^きてね。

탄죠- 파-티-니 기떼네

생일 파티에 와요.

B: もちろん。招^{まね}いてくれて
   ありがとう。

모찌롱. 마네이떼 구레떼 아리가또-

당근이죠. 초대해 줘서 고마워요.

요시무라 씨 댁이 맞습니까?

吉村さんのお宅はこちらでしょうか。

요시무라산노 오따꾸와 고찌라데쇼-까

스즈키 씨는 댁에 계십니까?

鈴木さんはご在宅ですか。

스즈끼상와 고자이따꾸데스까

5시에 약속을 했는데요.

5時に約束してありますが。

고지니 약소꾸시떼 아리마스가

좀 일찍 왔나요?

ちょっと来るのが早すぎましたか。

춋또 구루노가 하야스기마시다까

늦어서 죄송해요.

遅くなってすみません。

오소꾸낫떼 스미마셍

이거 변변치 않지만, 받으십시오.

これ、つまらないものですが、どうぞ。

고레, 쓰마라나이 모노데스가, 도-조

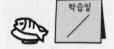
요시무라 씨 댁이 맞습니까?

● 吉村さんの ［　　　］ はこちらでしょうか。

스즈키 씨는 댁에 계십니까?

● 鈴木さんは ［　　　］ ですか。

5시에 약속을 했는데요.

● 5時に ［　　　］ ありますが。

좀 일찍 왔나요?

● ちょっと来るのが ［　　　　］ か。

늦어서 죄송해요.

● ［　　　］ すみません。

이거 변변치 않지만, 받으십시오.

● これ、［　　　］ ものですが、どうぞ。

 Mini Talk

A: これ、つまらないものですが、どうぞ。

고레, 쓰마라나이 모노데스가, 도-조

이거 변변치 않지만, 받으십시오.

B: どうも、こんなことなさらな
　　くてもいいのに。

도-모, 곤나 고또 나사라나쿠떼모 이-노니

고마워요. 이렇게 안 하셔도 되는데.

잘 오셨습니다.

ようこそいらっしゃいました。

요-꼬소 이랏샤이마시다

자 들어오십시오.

どうぞお入りください。

도-조 오하이리 구다사이

이쪽으로 오십시오.

こちらへどうぞ。

고찌라에 도-조

집안을 안내해드릴까요?

家の中をご案内しましょうか。

이에노 나까오 고안나이시마쇼-까

이쪽으로 앉으십시오.

こちらへおかけください。

고찌라에 오카께 구다사이

자 편히 하십시오.

どうぞくつろいでください。

도-조 구쓰로이데 구다사이

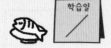
잘 오셨습니다.

- [   ] いらっしゃいました。

자 들어오십시오.

- どうぞ [   ] 。

이쪽으로 오십시오.

- [   ] どうぞ。

집안을 안내해드릴까요?

- 家（いえ）の中（なか）を [   ] か。

이쪽으로 앉으십시오.

- こちらへ [   ] 。

자 편히 하십시오.

- どうぞ [   ] ください。

Mini Talk

A: よく来（き）てくれました。うれしいです。

요꾸 기떼 구레마시다. 우레시-데스
잘 오셨습니다. 반갑습니다.

B: お招（まね）きくださってありがとう。

오마네끼 구다삿떼 아리가또-
초대해 주셔서 고맙습니다.

>> 녹음을 듣고 소리내어 읽어볼까요? <<< 듣기 >>>

잘 먹겠습니다.

いただきます。

이따다끼마스

이 음식, 맛 좀 보세요.

この料理、味見してください。
りょうり　　あじみ

고노 료-리, 아지미시떼 구다사이

벌써 많이 먹었어요.

もう十分いただきました。
じゅうぶん

모- 쥬-붕 이따다끼마시다

잘 먹었습니다.

ごちそうさまでした。

고찌소-사마데시다

요리를 잘하시는군요.

お料理が上手ですね。
りょうり　　　じょうず

오료-리가 죠-즈데스네

정말로 맛있었어요.

ほんとうにおいしかったです。

혼또-니 오이시깟따데스

잘 먹겠습니다.

● ⬚ 。

이 음식, 맛 좀 보세요.

● この料理、⬚ ください。

벌써 많이 먹었어요.

● もう十分 ⬚ 。

잘 먹었습니다.

● ⬚ でした。

요리를 잘하시는군요.

● お料理が ⬚ ね。

정말로 맛있었어요.

● ほんとうに ⬚ です。

A: さあどうぞ、ご自由に食べてください。

　　사-, 도-, 고지유-니 다베떼 구다사이

　　자 어서, 마음껏 드세요.

B: はい、いただきます。

　　하이, 이따다끼마스

　　네, 잘 먹겠습니다.

이제 그만 가볼게요.

そろそろおいとまします。

소로소로 오이또마시마스

오늘은 만나서 즐거웠어요.

今日は会えてうれしかったです。

쿄-와 아에떼 우레시깟따데스

저희 집에도 꼭 오세요.

わたしのほうにもぜひ来てください。

와따시노 호-니모 제히 기떼 구다사이

정말로 즐거웠어요.

ほんとうに楽しかったです。

혼또-니 다노시깟따데스

저녁을 잘 먹었습니다.

夕食をごちそうさまでした。

유-쇼꾸오 고찌소-사마데시다

또 오세요.

また来てくださいね。

마따 기떼 구다사이네

다음 문장을 일본어로 말할 수 있는지 쓰면서 체크해 보세요.

이제 그만 가볼게요.

● そろそろ 　　　　　　　　　。

오늘은 만나서 즐거웠어요.

● 今日は 　　　　 うれしかったです。
_{きょう}

저희 집에도 꼭 오세요.

● わたしのほうにも 　　　　　　　　　。

정말로 즐거웠어요.

● ほんとうに 　　　　　　 です。

저녁을 잘 먹었습니다.

● 夕食を 　　　　　　　　　。
_{ゆうしょく}

또 오세요.

● また 　　　　　　 ね。

Mini Talk

A: そろそろおいとまします。

소로소로 오이또마시마스

이제 슬슬 가볼게요.

B: もうお帰りですか。
_{かえ}

모- 오까에리데스까

벌써 가시게요?

PART

05

こんなふうに言ってみろ!

말랑말랑
쉬운 문장으로
정리했고
입에 착착
붙는다!

공공장소

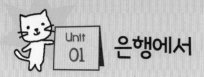

>> 녹음을 듣고 소리내어 읽어볼까요? <<< 듣기 >>>

은행은 어디에 있어요?

銀行はどこにありますか。

깅꼬-와 도꼬니 아리마스까

현금인출기는 어디에 있어요?

ATMはどこにありますか。

에이티에무와 도꼬니 아리마스까

계좌를 트고 싶은데요.

口座を設けたいのですが。

코-자오 모-께따이노데스가

예금하고 싶은데요.

預金したいのですが。

요낀시따이노데스가

환전 창구는 어디죠?

両替の窓口はどちらですか。

료-가에노 마도구찌와 도찌라데스까

대출 상담을 하고 싶은데요.

ローンの相談をしたいのですが。

로-ㄴ노 소-당오 시따이노데스가

다음 문장을 일본어로 말할 수 있는지 쓰면서 체크해 보세요.

은행은 어디에 있어요?

- _____ はどこにありますか。

현금인출기는 어디에 있어요?

- _____ はどこにありますか。

계좌를 트고 싶은데요.

- _____ のですが。

예금하고 싶은데요.

- _____ のですが。

환전 창구는 어디죠?

- _____ はどちらですか。

대출 상담을 하고 싶은데요.

- ローンの _____ のですが。

 Mini Talk

A: この1万円札をくずしてくれますか。
　　まんえんさつ

고노 이찌망엔사쯔오 구즈시떼 구레마스까

이 1만 엔 권을 바꿔 주겠어요?

B: どのようにいたしましょうか。

도노요-니 이따시마쇼-까

어떻게 해드릴까요?

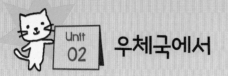

Unit 02 우체국에서

>> 녹음을 듣고 소리내어 읽어볼까요? <<< 듣기 >>>

우체국은 어디에 있죠?

郵便局はどこにありますか。

유-빙쿄꾸와 도꼬니 아리마스까

우표는 어디서 살 수 있죠?

切手はどこで買えますか。

깃떼와 도꼬데 가에마스까

빠른우편으로 부탁해요.

速達でお願いします。

소꾸타쯔데 오네가이시마스

항공편으로 보내 주세요.

航空便にしてください。

코-꾸-빈니 시떼 구다사이

이 소포를 한국에 보내고 싶은데요.

この小包を韓国に送りたいのですが。

고노 코즈쓰미오 캉코꾸니 오꾸리따이노데스가

이 소포의 무게를 달아 주세요.

この小包の重さを計ってください。

고노 코즈쓰미노 오모사오 하깟떼 구다사이

우체국은 어디에 있죠?

● [　　　] はどこにありますか。

우표는 어디서 살 수 있죠?

● [　　] はどこで買_かえますか。

빠른우편으로 부탁해요.

● [　　] でお願_{ねが}いします。

항공편으로 보내 주세요.

● [　　　] にしてください。

이 소포를 한국에 보내고 싶은데요.

● この [　　] を韓国_{かんこく}に [　　　] のですが。

이 소포의 무게를 달아 주세요.

● この [　　　　] を計_{はか}ってください。

 Mini Talk

A: この小包_{こづつみ}を韓国_{かんこく}に送_{おく}りたいのですが。

고노 코즈쓰미오 캉코꾸니 오꾸리따이노데스가

이 소포를 한국에 보내고 싶은데요.

B: 中身_{なかみ}は何_{なん}ですか。

나까미와 난데스까

내용물은 멉니까?

>> 녹음을 듣고 소리내어 읽어볼까요? <<< 듣기 >>>

머리를 자르고 싶은데요.

髪を切りたいのですが。

가미오 기리따이노데스가

머리를 조금 잘라 주세요.

髪を少し刈ってください。

가미오 스꼬시 갓떼 구다사이

이발만 해 주세요.

散髪だけお願いします。

삼빠쯔다께 오네가이시마스

어떻게 자를까요?

どのように切りましょうか。

도노요-니 기리마쇼-까

평소 대로 해 주세요.

いつもどおりにお願いします。

이쯔모 도-리니 오네가이시마스

머리를 염색해 주세요.

髪の毛をそめてください。

가미노께오 소메떼 구다사이

다음 문장을 일본어로 말할 수 있는지 쓰면서 체크해 보세요.

머리를 자르고 싶은데요.

髪を [　　　　] のですが。

머리를 조금 잘라 주세요.

髪を少し [　　　　　　] 。

이발만 해 주세요.

[　　] だけお願いします。

어떻게 자를까요?

[　　　　　] 切りましょうか。

평소 대로 해 주세요.

[　　　　　] お願いします。

머리를 염색해 주세요.

[　　　] をそめてください。

 Mini Talk

A: どのように切りましょうか。

도노요-니 기리마쇼-까

어떻게 자를까요?

B: いまと同じ髪型にしてください。

이마또 오나지 카미가따니 시떼 구다사이

지금과 같은 헤어스타일로 해 주세요.

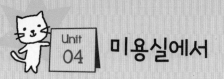

괜찮은 미용실을 아세요?

いい美容院を知りませんか。

이- 비요-잉오 시리마셍까

파마를 예약하고 싶은데요.

パーマを予約したいのですが。

파-마오 요야꾸시따이노데스가

커트와 파마를 부탁할게요.

カットとパーマをお願いします。

캇토또 파-마오 오네가이시마스

얼마나 커트를 할까요?

どれくらいカットしますか。

도레쿠라이 캇토 시마스까

다듬기만 해 주세요.

そろえるだけでお願いします。

소로에루다께데 오네가이시마스

짧게 자르고 싶은데요.

ショートにしたいのですが。

쇼-토니 시따이노데스가

다음 문장을 일본어로 말할 수 있는지 쓰면서 체크해 보세요.

괜찮은 미용실을 아세요?

- いい [　　　] を知（し）りませんか。

파마를 예약하고 싶은데요.

- [　　　] を予（よ）約（やく）したいのですが。

커트와 파마를 부탁할게요.

- [　　　　　] をお願（ねが）いします。

얼마나 커트를 할까요?

- どれくらい [　　　　] か。

다듬기만 해 주세요.

- [　　　] だけでお願（ねが）いします。

짧게 자르고 싶은데요.

- [　　　] にしたいのですが。

 Mini Talk

A: 今（きょう）日はどうなさいますか。

쿄-와 도- 나사이마스까

오늘은 어떻게 하시겠어요?

B: ヘアスタイルを変（か）えたいの
   ですが。

헤아스타이루오 가에따이노데스가

헤어스타일을 바꾸고 싶은데요.

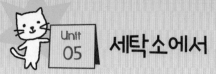

세탁소에서

>> 녹음을 듣고 소리내어 읽어볼까요? <<< 듣기 >>>

세탁소에 갖다 주고 와요.

クリーニングに出してきてね。

쿠리-닝구니 다시떼 기떼네

드라이클리닝을 해 주세요.

ドライクリーニングをお願いします。

도라이쿠리-닝구오 오네가이시마스

셔츠에 있는 이 얼룩은 빠질까요?

シャツのこのシミは取れますか。

샤츠노 고노 시미와 도레마스까

다림질을 해 주세요.

アイロンをかけてください。

아이롱오 가케떼 구다사이

언제 될까요?

いつ仕上がりますか。

이쯔 시아가리마스까

치수를 고쳐 주실래요?

寸法を直してもらえますか。

슴뽀-오 나오시떼 모라에마스까

다음 문장을 일본어로 말할 수 있는지 쓰면서 체크해 보세요.

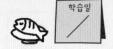

세탁소에 갖다 주고 와요.

● ［　　　　　　　］に出してきてね。

드라이클리닝을 해 주세요.

● ［　　　　　　　］をお願いします。

셔츠에 있는 이 얼룩은 빠질까요?

● ［　　　　］のこの［　　　］は取れますか。

다림질을 해 주세요.

● ［　　　　　］をかけてください。

언제 될까요?

● いつ［　　　　　　　］か。

치수를 고쳐 주실래요?

● ［　　　　　　　］もらえますか。

Mini Talk

A: これ、ドライクリーニングをお願いします。

고레, 도라이쿠리-닝구오 오네가이시마스

이거, 드라이클리닝을 해 주세요.

B: はい、全部で5点ですね。

하이, 젬부데 고뗀데스네

네, 전부해서 다섯 점이군요.

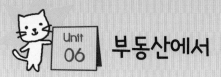

안녕하세요, 셋방을 찾는데요.

こんにちは、部屋を探していますが。

곤니찌와, 헤야오 사가시떼 이마스가

어떤 방을 원하시죠?

どんな部屋をお望みですか。

돈나 헤야오 오노조미데스까

근처에 전철역은 있어요?

近くに電車の駅はありますか。

치카꾸니 덴샤노 에끼와 아리마스까

집세는 얼마 정도예요?

家賃はどれくらいですか。

야찡와 도레 쿠라이데스까

아파트를 보여주시겠어요?

アパートを見せてくださいませんか。

아파-토오 미세떼 구다사이마셍까

언제 들어갈 수 있어요?

いつ入居できますか。

이쯔 뉴-꾜데끼마스까

다음 문장을 일본어로 말할 수 있는지 쓰면서 체크해 보세요.

안녕하세요, 셋방을 찾는데요.

- こんにちは、 [   ] いますが。

어떤 방을 원하시죠?

- どんな部屋(へや)を [   ] 。

근처에 전철역은 있어요?

- [   ] 電車(でんしゃ)の駅(えき)はありますか。

집세는 얼마 정도예요?

- [   ] はどれくらいですか。

아파트를 보여주시겠어요?

- [   ] を見(み)せてくださいませんか。

언제 들어갈 수 있어요?

- いつ [   ] できますか。

 Mini Talk

A: どこに引(ひ)っ越(こ)しするつもりですか。

도꼬니 힉꼬시스루 쓰모리데스까

어디로 이사할 생각입니까?

B: 駅(えき)の近(ちか)くの場所(ばしょ)を探(さが)しています。

에끼노 치카꾸노 바쇼오 사가시떼 이마스

역 근처의 장소를 찾고 있습니다.

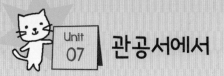

Unit 07 관공서에서

>> 녹음을 듣고 소리내어 읽어볼까요? <<< 듣기 >>>

구청은 어디에 있습니까?

区役所はどこにありますか。
<small>くやくしょ</small>

구야꾸쇼와 도꼬니 아리마스까

외국인 등록은 무슨 과입니까?

外国人登録は何課ですか。
<small>がいこくじんとうろく なにか</small>

가이꼬꾸진 도-로꾸와 나니까데스까

전입신고를 하고 싶은데요.

転入届を出したいんですが。
<small>てんにゅうとどけ だ</small>

덴뉴-토도께오 다시따인데스가

제가 작성해야 할 서류는 무엇이죠?

わたしが作成すべき書類は何ですか。
<small>さくせい しょるい なん</small>

와따시가 사꾸세-스베끼 쇼루이와 난데스까

먼저 신청서를 제출하세요.

まず申請書を提出してください。
<small>しんせいしょ ていしゅつ</small>

마즈 신세-쇼오 테-슈쯔시떼 구다사이

근처에 파출소는 있습니까?

近くに交番はありますか。
<small>ちか こうばん</small>

치카꾸니 코-방와 아리마스까

PART 05 공공장소 • 113

구청은 어디에 있습니까?

● ◻️ はどこにありますか。

외국인 등록은 무슨 과입니까?

● ◻️ は何課ですか。

전입신고를 하고 싶은데요.

● ◻️ を出したいんですが。

제가 작성해야 할 서류는 무엇이죠?

● わたしが作成すべき ◻️ は何ですか。

먼저 신청서를 제출하세요.

● まず ◻️ を提出してください。

근처에 파출소는 있습니까?

● 近くに ◻️ はありますか。

 Mini Talk

A: ご用件は何ですか。

고요-껭와 난데스까
무슨 용무로 오셨습니까?

B: はい、外国人登録をしに
来ました。

하이, 가이코꾸진 도-로꾸오 시니 기마시다
네, 외국인등록을 하러 왔습니다.

미술관은 어디에 있습니까?

びじゅつかん
美術館はどこにありますか。

비쥬쓰깡와 도꼬니 아리마스까

입장료는 얼마입니까?

にゅうかんりょう
入館料はいくらですか。

뉴-깐료-와 이꾸라데스까

10명 이상은 단체할인이 있어요.

めいいじょう　　　だんたいわりびき
10名以上は団体割引がありますよ。

쥬-메- 이죠-와 단따이 와리비끼가 아리마스요

휴관일은 언제입니까?

きゅうかんび
休館日はいつですか。

큐-깜비와 이쯔데스까

박물관은 몇 시에 닫습니까?

はくぶつかん　　なんじ　　し
博物館は何時に閉まりますか。

하꾸부쯔깡와 난지니 시마리마스까

관내 기념품점은 어디에 있습니까?

ミュージアムショップはどこにありますか。

뮤-지아무 숍푸와 도꼬니 아리마스까

다음 문장을 일본어로 말할 수 있는지 쓰면서 체크해 보세요.

미술관은 어디에 있습니까?

● ☐☐☐☐ はどこにありますか。

입장료는 얼마입니까?

● ☐☐☐☐ はいくらですか。

10명 이상은 단체할인이 있어요.

● 10名(めいい)以上(じょう)は ☐☐☐☐ がありますよ。

휴관일은 언제입니까?

● ☐☐☐☐ はいつですか。

박물관은 몇 시에 닫습니까?

● ☐☐☐☐ は何時(なんじ)に閉(し)まりますか。

관내 기념품점은 어디에 있습니까?

● ☐☐☐☐☐☐☐ はどこにありますか。

 Mini Talk

A: 開館(へいかん)時間(じかん)は何時(なんじ)ですか。

카이깐 지깡와 난지데스까

개관 시간은 몇 시입니까?

B: 午前(ごぜん)10時(じ)から午後(ごご)6時(じ)までです。

고젠 쥬-지까라 고고 로꾸지마데데스

오전 10시부터 오후 6시까지입니다.

Unit 09 문화시설·동식물원에서

>> 녹음을 듣고 소리내어 읽어볼까요? <<< 듣기 >>>

근처에 콘서트홀이 생겼어요.

近所にコンサートホールができました。

킨죠니 콘사-토호-루가 데끼마시다

이번에는 시민홀에서 연주회가 있어요.

今度は市民ホールで演奏会があります。

곤도와 시밍호-루데 엔소-까이가 아리마스

이 식물원은 아주 넓어요.

この植物園はとても広いです。

고노 쇼꾸부쯔엥와 도떼모 히로이데스

여기는 일본에서 가장 큰 동물원입니다.

ここは日本で最大の動物園です。

고꼬와 니혼데 사이다이노 도-부쯔엔데스

이 빌딩에는 수족관도 있어요.

このビルには水族館もあります。

고노 비루니와 스이조꾸깜모 아리마스

여기는 천천히 자연 관찰을 할 수 있어요.

ここはゆっくり自然観察ができますよ。

고꼬와 육꾸리 시젱 칸사쯔가 데끼마스요

근처에 콘서트홀이 생겼어요.

● 近所に [　　　　　　　] ができました。
きんじょ

이번에는 시민홀에서 연주회가 있어요.

● 今度は [　　　　　] で演奏会があります。
こん ど　　　　　　　　　　　　　　えんそうかい

이 식물원은 아주 넓어요.

● この [　　　] はとても広いです。
ひろ

여기는 일본에서 가장 큰 동물원입니다.

● ここは日本で最大の [　　　] です。
に ほん　さいだい

이 빌딩에는 수족관도 있어요.

● このビルには [　　　] もあります。

여기는 천천히 자연 관찰을 할 수 있어요.

● ここはゆっくり [　　　　] ができますよ。

 Mini Talk

A: 子供の入場料はいくらですか。
こ ども　にゅうじょうりょう

고도모노 뉴-죠-료-와 이꾸라데스까

어린이 입장료는 얼마예요?

B: 今日は無料です。
きょう　むりょう

쿄-와 무료-데스

오늘은 무료입니다.

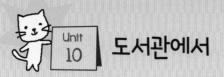

도서관에서 책을 빌려 올게요.

図書館で本を借りてきますよ。

도쇼깐데 홍오 가리떼 기마스요

이 책은 빌릴 수 있는 겁니까?

この本は借りられるのですか。

고노 홍와 가리라레루노데스까

컴퓨터로 검색하세요.

コンピューターで検索してください。

콤퓨-타-데 겐사꾸시떼 구다사이

이것은 대출 중입니다.

これは貸し出し中です。

고레와 가시다시쮸-데스

대출 기간은 1주일입니다.

貸し出し期間は1週間です。

가시다시 기깡와 잇슈-깐데스

도서관에 책을 돌려주고 올게요.

図書館に本を返してきますよ。

도쇼깐니 홍오 가에시떼 기마스요

다음 문장을 일본어로 말할 수 있는지 쓰면서 체크해 보세요.

  학습일

도서관에서 책을 빌려 올게요.

● ⬚⬚⬚で本(ほん)を借(か)りてきますよ。

이 책은 빌릴 수 있는 겁니까?

● この本(ほん)は ⬚⬚⬚ のですか。

컴퓨터로 검색하세요.

● コンピューターで ⬚⬚⬚ ください。

이것은 대출 중입니다.

● これは ⬚⬚⬚ です。

대출 기간은 1주일입니다.

● ⬚⬚⬚ は1週間(しゅうかん)です。

도서관에 책을 돌려주고 올게요.

● 図書館(としょかん)に ⬚⬚⬚ きますよ。

 Mini Talk

A: 日課(にっか)が終(お)わったら、図書館(としょかん)に行(い)くよ。

닉까가 오왓따라, 도쇼깐니 이꾸요

일과가 끝나면 도서관에 가.

B: あ、そう。あれが図書館(としょかん)なの。

아, 소-. 아레가 도쇼깐나노

아, 그래. 저게 도서관이니?

PART

06

こんなふうに言ってみろ!

오프링고도
가고 얼굴도
손으로 쓰고
입으로 소리내어
말해보자!

병원

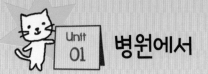

무슨 과의 진료를 원하세요?

何科の受診をご希望ですか。

나니까노 쥬싱오 고키보-데스까

보험증은 가지고 계세요?

保険証はお持ちでしょうか。

호껜쇼-와 오모찌데쇼-까

이 병원에서의 진료는 처음이세요?

この病院での受診ははじめてですか。

고노 뵤-인데노 쥬싱와 하지메떼데스까

다음에는 언제 오면 되죠?

今度はいつ来たらいいでしょうか。

곤도와 이쯔 기따라 이-데쇼-까

몇 번 통원해야 하죠?

何回通院しないといけませんか。

낭까이 쓰-인 시나이또 이께마셍까

오늘 진찰비는 얼마에요?

今日の診察代はおいくらですか。

쿄-노 신사쯔다이와 오이꾸라데스까

다음 문장을 일본어로 말할 수 있는지 쓰면서 체크해 보세요.

무슨 과의 진료를 원하세요?

- 何科の [＿＿] をご希望ですか。

보험증은 가지고 계세요?

- [＿＿＿] はお持ちでしょうか。

이 병원에서의 진료는 처음이세요?

- この病院での [＿＿＿＿＿] ですか。

다음에는 언제 오면 되죠?

- 今度は [＿＿＿] いいでしょうか。

몇 번 통원해야 하죠?

- 何回 [＿＿＿] いけませんか。

오늘 진찰비는 얼마에요?

- 今日の [＿＿＿] はおいくらですか。

Mini Talk

A: この病院での受診ははじめてですか。

고노 뵤-인데노 쥬싱와 하지메떼데스까

이 병원에서의 진료는 처음이세요?

B: はじめてではないのですが。

하지메떼데와 나이노데스가

처음은 아닌데요.

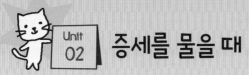
>> 녹음을 듣고 소리내어 읽어볼까요? <<< 듣기 >>>

오늘은 어땠어요?

今日はどうなさいましたか。
<small>きょう</small>

쿄-와 도- 나사이마시다까

어디 아프세요?

どこか痛みますか。
<small>いた</small>

도꼬까 이따미마스까

여기를 누르면 아파요?

ここを押すと痛いですか。
<small>お</small> <small>いた</small>

고꼬오 오스또 이따이데스까

어느 정도 간격으로 머리가 아프세요?

どれくらいおきに頭痛がしますか。
<small>ず つう</small>

도레쿠라이 오끼니 즈쓰-가 시마스까

이런 증상은 이전에도 있었어요?

このような症状は、以前にもありましたか。
<small>しょうじょう</small> <small>い ぜん</small>

고노요-나 쇼-죠-와, 이젠니모 아리마시다까

알레르기 체질인가요?

アレルギー体質ですか。
<small>たい しつ</small>

아레루기- 타이시쯔데스까

다음 문장을 일본어로 말할 수 있는지 쓰면서 체크해 보세요.

오늘은 어땠어요?

- 今日は [　　　　　　　　] か。

어디 아프세요?

- どこか [　　　　] か。

여기를 누르면 아파요?

- ここを押すと [　　　　] か。

어느 정도 간격으로 머리가 아프세요?

- どれくらいおきに [　　　　　] か。

이런 증상은 이전에도 있었어요?

- このような [　　] は、以前にもありましたか。

알레르기 체질인가요?

- [　　　　　] 体質ですか。

Mini Talk

A: このような症状は、以前にもありましたか。

고노요-나 쇼-죠-와, 이젠니모 아리마시다까

이런 증상은 이전에도 있었어요?

B: いいえ、はじめてです。

이-에, 하지메떼데스

아뇨, 처음입니다.

Unit 03 증상을 설명할 때

>> 녹음을 듣고 소리내어 읽어볼까요? <<< 듣기 >>>

열이 있고 기침이 있어요.

熱があり、せきが出ます。

네쯔가 아리, 세끼가 데마스

조금 열이 있는 것 같아요.

すこし熱があるようです。

스꼬시 네쯔가 아루요-데스

미열이 있는 것 같아요.

微熱があるようです。

비네쯔가 아루요-데스

유행성 독감에 걸린 것 같아요.

流感にかかったみたいです。

류-깐니 가깟따미따이데스

토할 것 같아요.

吐きそうです。

하끼소-데스

어젯밤부터 두통이 심해요.

ゆうべから頭痛がひどいです。

유-베까라 즈쯔-가 히도이데스

다음 문장을 일본어로 말할 수 있는지 쓰면서 체크해 보세요.

열이 있고 기침이 있어요.

- <ruby>熱<rt>ねっ</rt></ruby>があり、[   ]。

조금 열이 있는 것 같아요.

- すこし [   ] ようです。

미열이 있는 것 같아요.

- [   ] ようです。

유행성 독감에 걸린 것 같아요.

- [   ] みたいです。

토할 것 같아요.

- [   ] です。

어젯밤부터 두통이 심해요.

- ゆうべから [   ] です。

Mini Talk

A: <ruby>頭痛<rt>ずつう</rt></ruby>と<ruby>発熱<rt>はつねつ</rt></ruby>があって、のども<ruby>痛<rt>いた</rt></ruby>いんです。

즈쓰-또 하쯔네쯔가 앗떼, 노도모 이따인데스

두통과 발열이 있고 목도 아파요.

B: いつからですか。

이쯔까라데스까

언제부터입니까?

배가 아파요.

腹が痛みます。

하라가 이따미마스

허리가 아파서 움직일 수 없어요.

腰が痛くて動けません。

고시가 이따꾸떼 우고께마셍

귀가 울려요.

耳鳴りがします。

미미나리가 시마스

무좀이 심해요.

水虫がひどいのです。

미즈무시가 히도이노데스

아파서 눈을 뜰 수 없어요.

痛くて目を開けていられません。

이따꾸떼 메오 아께떼 이라레마셍

이 주위를 누르면 무척 아파요.

このあたりを押すとひどく痛いです。

고노 아따리오 오스또 히도꾸 이따이데스

다음 문장을 일본어로 말할 수 있는지 쓰면서 체크해 보세요.

배가 아파요.

● 腹が [　　　　]。
　　はら

허리가 아파서 움직일 수 없어요.

● [　　　　　]動けません。
　　　　　　　　うご

귀가 울려요.

● [　　　　] がします。

무좀이 심해요.

● [　　　] がひどいのです。

아파서 눈을 뜰 수 없어요.

● 痛くて [　　　　] いられません。
　　いた

이 주위를 누르면 무척 아파요.

● このあたりを押すと [　　　　　] です。
　　　　　　　　お

Mini Talk

A: ひざを曲げられますか。
　　　　　ま

히자오 마게라레마스까
무릎을 구부릴 수 있나요?

B: とても痛くて曲げられません。
　　　　　いた　　ま

도떼모 이따꾸떼 마게라레마셍
너무 아파서 굽힐 수 없어요.

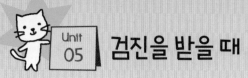

목을 보여 주세요.

喉を見せてください。

노도오 미세떼 구다사이

혈압을 잴게요.

血圧を計ります。

게쯔아쯔오 하까리마스

여기 엎드려 누우세요.

ここにうつぶせに寝てください。

고꼬니 우쯔부세니 네떼 구다사이

숨을 들이쉬고 멈추세요.

息を吸って止めてください。

이끼오 슷떼 도메떼 구다사이

저는 어디가 안 좋아요?

わたしはどこが悪いのでしょうか。

와따시와 도꼬가 와루이노데쇼-까

결과는 1주일 후에 나옵니다.

結果は1週間後に出ます。

겍까와 잇슈-깡고니 데마스

다음 문장을 일본어로 말할 수 있는지 쓰면서 체크해 보세요.

목을 보여 주세요.

- 喉を [　　　] ください。

혈압을 잴게요.

- [　　　] を計ります。

여기 엎드려 누우세요.

- ここに [　　　　] 寝てください。

숨을 들이쉬고 멈추세요.

- [　　　　] 止めてください。

저는 어디가 안 좋아요?

- わたしは [　　　　] のでしょうか。

결과는 1주일 후에 나옵니다.

- [　　　] は1週間後に出ます。

Mini Talk

A: この検査は痛いですか。

고노 켄사와 이따이데스까

이 검사는 아파요?

B: いいえ、痛みは一切ありません。

이-에, 이따미와 잇사이 아리마셍

아뇨, 통증은 전혀 없습니다.

귀에 무언가 들어간 것 같아요.

耳に何か入ったようです。

미미니 나니까 하잇따요-데스

코를 풀면 귀가 아파요.

鼻をかむと耳が痛いです。

하나오 카무또 미미가 이따이데스

코피가 가끔 나와요.

鼻血がときどき出ます。

하나지가 도끼도끼 데마스

코가 막혀서 숨을 쉴 수 없어요.

鼻がつまって、息ができません。

하나가 쓰맛떼, 이끼가 데끼마셍

심하게 기침이 나고 목이 아파요.

ひどく咳が出て、喉が痛いです。

히도꾸 세끼가 데떼, 노도가 이따이데스

지금은 침을 삼키는 것도 힘들어요.

今は唾を飲むのも苦しいのです。

이마와 쓰바오 노무노모 구루시-노데스

 다음 문장을 일본어로 말할 수 있는지 쓰면서 체크해 보세요.

귀에 무언가 들어간 것 같아요.

- [　　　　] 入^{はい}ったようです。

코를 풀면 귀가 아파요.

- [　　　　] と耳^{みみ}が痛^{いた}いです。

코피가 가끔 나와요.

- [　　　] がときどき出^でます。

코가 막혀서 숨을 쉴 수 없어요.

- [　　　　]、息^{いき}ができません。

심하게 기침이 나고 목이 아파요.

- ひどく [　　　]、喉^{のど}が痛^{いた}いです。

지금은 침을 삼키는 것도 힘들어요.

- 今^{いま}は [　　　] のも苦^{くる}しいのです。

Mini Talk

A: 聴力検査^{ちょうりょくけんさ}を受^うけたいんですが。

초-료꾸켄사오 우께따인데스가

청력검사를 받고 싶은데요.

B: 耳^{みみ}に何^{なに}か異常^{いじょう}がありますか。

미미니 나니까 이죠-가 아리마스까

귀에 무슨 이상이 있나요?

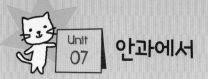

Unit 07 안과에서

>> 녹음을 듣고 소리내어 읽어볼까요? <<< 듣기 >>>

최근에 시력이 떨어진 것 같아요.

最近、視力が落ちたようです。

사이낑, 시료꾸가 오치따요-데스

안경을 쓰면 머리가 아파요.

眼鏡をかけると、頭が痛いです。

메가네오 가께루또, 아따마가 이따이데스

가까운 사물이 잘 보이지 않아요.

近くの物がよく見えません。

치카꾸노 모노가 요꾸 미에마셍

눈이 충혈되어 있어요.

目が充血しています。

메가 쥬-케쯔시떼 이마스

눈을 감으면 아파요.

目をつぶると、痛いです。

메오 쓰부루또, 이따이데스

눈에 다래끼가 났어요.

目に物もらいができています。

메니 모노모라이가 데끼떼 이마스

다음 문장을 일본어로 말할 수 있는지 쓰면서 체크해 보세요.

최근에 시력이 떨어진 것 같아요.

- 最近、 [　　　　　] ようです。

안경을 쓰면 머리가 아파요.

- [　　　　　] と、頭が痛いです。

가까운 사물이 잘 보이지 않아요.

- 近くの物がよく [　　　　　] 。

눈이 충혈되어 있어요.

- 目が [　　　　　] います。

눈을 감으면 아파요.

- [　　　　　] と、痛いです。

눈에 다래끼가 났어요.

- 目に [　　　　　] ができています。

 Mini Talk

A: 左目がちょっと悪いようですが。

히다리메가 촛또 와루이요-데스가

왼쪽 눈이 좀 안 좋은 것 같은데요.

B: じゃ調べてみましょう。
目を大きく開けてください。

쟈 시라베떼 미마쇼-. 메오 오-키꾸 아께떼 구다사이

자 검사해봅시다. 눈을 크게 뜨세요.

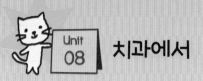

치과에서

>> 녹음을 듣고 소리내어 읽어볼까요? <<< 듣기 >>>

치석을 제거하러 왔어요.

歯石を削りに来ました。

시세끼오 케즈리니 기마시다

충치 치료를 받으러 왔어요.

虫歯の治療を受けに来ました。

무시바노 치료-오 우께니 기마시다

이가 몹시 아파요.

歯がひどく痛いんです。

하가 히도꾸 이따인데스

잇몸이 아파요.

歯茎が痛いです。

하구끼가 이따이데스

이를 닦으면 잇몸에서 피가 나와요.

歯を磨くと、歯茎から血が出ます。

하오 미가꾸또, 하구끼까라 치가 데마스

어제 치과의사에게 진찰을 받았습니다.

きのう歯医者に見てもらいました。

기노- 하이샤니 미떼 모라이마시다

다음 문장을 일본어로 말할 수 있는지 쓰면서 체크해 보세요.

치석을 제거하러 왔어요.

- _____に来ました。

충치 치료를 받으러 왔어요.

- _____を受けに来ました。

이가 몹시 아파요.

- 歯が_____んです。

잇몸이 아파요.

- _____が痛いです。

이를 닦으면 잇몸에서 피가 나와요.

- 歯を磨くと、歯茎から_____。

어제 치과의사에게 진찰을 받았습니다.

- きのう_____に見てもらいました。

 Mini Talk

A: 先生、歯ブラシはどんなものがいいでしょうか。

센세-, 하부라시와 돈나 모노가 이-데쇼-까

선생님, 칫솔은 어떤 게 좋을까요?

B: どなたが使うのですか。

도나따가 쓰까우노데스까

어느 분이 쓰실 겁니까?

>> 녹음을 듣고 소리내어 읽어볼까요? <<< 듣기 >>>

어느 병원에 입원했죠?

どこの病院に入院しましたか。

도꼬노 뵤-인니 뉴-인시마시다까

요시무라 씨 병실은 어디죠?

吉村さんの病室はどこですか。

요시무라산노 뵤-시쯔와 도꼬데스까

빨리 회복하세요.

早く、よくなってくださいね。

하야꾸, 요꾸낫떼 구다사이네

생각보다 훨씬 건강해 보이네요.

思ったよりずっと元気そうですね。

오못따요리 즛또 겡끼소-데스네

반드시 곧 건강해질 거예요.

きっとすぐ元気になりますよ。

깃또 스구 겡끼니 나리마스요

아무쪼록 몸조리 잘하세요.

くれぐれもお大事に。

구레구레모 오다이지니

다음 문장을 일본어로 말할 수 있는지 쓰면서 체크해 보세요.

어느 병원에 입원했죠?

- どこの病院に 　　　　　　 か。

요시무라 씨 병실은 어디죠?

- 吉村さんの 　　　 はどこですか。

빨리 회복하세요.

- 早く、 　　　　　 くださいね。

생각보다 훨씬 건강해 보이네요.

- 思ったよりずっと 　　　　　　 ね。

반드시 곧 건강해질 거예요.

- きっとすぐ 　　　　　　 よ。

아무쪼록 몸조리 잘하세요.

- くれぐれも 　　　　 。

 Mini Talk

A: 木村さん、どうしたんですか。

기무라상, 도-시딴데스까

기무라 씨, 어떻게 된 거죠?

B: ええ、交通事故で軽い怪我をしまして…。

에-, 고-쓰-지꼬데 가루이 게가오 시마시떼

예, 교통사고로 가볍게 다쳐서요....

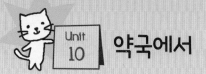

이 약으로 통증이 가라앉을까요?

この薬で痛みがとれますか。

고노 구스리데 이따미가 도레마스까

피로에는 무엇이 잘 들어요?

疲れ目には何が効きますか。

쓰까레메니와 나니가 기끼마스까

바르는 약 좀 주세요.

塗り薬がほしいのですが。

누리구스리가 호시-노데스가

몇 번 정도 복용하죠?

何回くらい服用するのですか。

낭까이 쿠라이 후꾸요-스루노데스까

한 번에 몇 알 먹으면 되죠?

1回に何錠飲めばいいですか。

익까이니 난죠- 노메바 이-데스까

진통제는 들어 있어요?

痛み止めは入っていますか。

이따미도메와 하잇떼 이마스까

다음 문장을 일본어로 말할 수 있는지 쓰면서 체크해 보세요.

이 약으로 통증이 가라앉을까요?

● この薬（くすり）で ☐ がとれますか。

피로에는 무엇이 잘 들어요?

● ☐ には何（なに）が効（き）きますか。

바르는 약 좀 주세요.

● ☐ がほしいのですが。

몇 번 정도 복용하죠?

● 何回（なんかい）くらい ☐ のですか。

한 번에 몇 알 먹으면 되죠?

● 1回（かい）に ☐ 飲（の）めばいいですか。

진통제는 들어 있어요?

● ☐ は入（はい）っていますか。

 Mini Talk

A: 旅行疲（りょこうづか）れによく効（き）く薬（くすり）はありますか。

료꼬-즈까레니 요꾸 기꾸 구스리와 아리마스까

여행 피로에 잘 듣는 약은 있어요?

B: これは旅行疲（りょこうづか）れによく効（き）きます。

고레와 료꼬-즈까레니 요꾸 기끼마스

이게 여행 피로에 잘 듣습니다.